華頓商學院的情緒談判課

駕馭情緒，就是你最好的談判籌碼！

華頓商學院頂尖談判專家，淬鍊15年實戰心法

莫麗・塔荷瑞波 Mori Taheripour 著　周怡伶 譯

Bring Yourself

How to Harness the Power
of Connection to Negotiate Fearlessly

獻給那些對我有信心更勝於我自己的人，

是你們啟發我踏上這個旅程，讓我找到真理。

為此，我永遠心懷感激。

CONTENTS

PART II

決勝新思維

說明

寫這本書時，我訪問了許多現在及從前的學生，我非常感激他們願意跟我分享他們的故事。有些學生希望隱去其名，因此我照辦了。另外有些學生，我並沒有因為寫書而訪問他們，但是我親眼見證了這些學生如何參與談判這個互動的過程。我的課堂有時候是充滿張力的，而我很看重信任和安全感，所以我也更動了這些學生的名字以及個人背景。最後要說明的是，我在課堂上舉辦的練習活動，在我的教學是非常重要的一部分，我希望以後也是如此，所以我在書中調整了這些課堂練習活動的情境及細節，但是仍然秉持著原本的精髓。

序章

生活無處不談判

我在華頓商學院教授談判課。最近在課堂上，我把學生兩兩配對，跟以前一樣要他們做一個談判練習，每個人都要扮演談判中的某個角色，而且每一組都得在三十分鐘內談成協議。其中一個學生扮演的是承包商，工作是要翻新客戶的浴室；另一個學生則扮演對這個承包商不滿意的客戶，因為承包商有好幾次失約。當承包商來到現場時，他發現自己帶來的磁磚是錯的，但是客戶反倒喜歡這個錯的磁磚。雖然如此，客戶還是要求折價五成，但承包商認為客戶應該要付全額。

我很驚訝其中一組學生——布萊德和安潔拉，他倆十分鐘之後就回來了，而且沒談成協議。其實談判僵局並不少見，不尋常的是，學生們通常會用盡三十分鐘試圖談出一個妥協方案。

學期進行到這個階段，每個學生的特色大致都已經顯現出來。扮演承包商的布萊德是一個好勝心很強、不計代價就是要贏的談判者。他畢業之後就去曼哈頓的銀行工作，全身充滿自信幹練的光采。至於扮演客戶的安潔拉，她遠非強悍類型。相反地，她在課堂上一直都樂於合作、非常友善，但是滿安靜的。這次練習是她第一次沒有談出結果，所以我才驚訝。

結果發現，他們雙方都認為，無法在共贏的情況下找出解決方案。他們認為這個談判沒有任何「正向協商空間」（positive bargaining zone），意指雙方能找出共同利益，以達成共識及妥協方案。布萊德和安潔拉很早就做出結論，認定這個案子裡沒有任何正向協商空間，於是決定不要浪費時間來來回回討論。他們同意透過法律途徑來解決，而這是這個練習活動中最後一個選項。

布萊德和安潔拉很驚訝其他同學都一直談到時間快結束，而且談判結果也很不錯。其實，這個談判練習題可以談出許多很有特色的結果，而且對承包商和客戶雙方都是合理且可以接受的。那為什麼布萊德和安潔拉談不出來？他們錯過了什麼？

布萊德很難過，因為他們的談判結果再度驗證他是一個很難共事的人。安潔拉也很難過，因為她未來打算要進入男性主導的商業不動產領域，她把這次談判當作一個練習，即如何面對布萊德這種人而不退讓。這是她第一次跟布萊德一組，而在練習一開始她就告訴自己：「好人沒好報，強悍的談判者才會贏。」

所以，把一個非常好勝且絕不妥協的談判者，配上一個「假裝」好勝且不妥協的談判者，會怎麼樣呢？結果就是：僵局、雙輸。

但是，如果兩人都是**真正**好勝的談判者，就不一定會是這種結果。當然有時候也會陷入僵局，畢竟任何談判都有可能以僵局作收。可是，當你**假裝**好勝，你不會得到最好的談判結果。要得到最好的談判結果，你必須展現出最好的你。安潔拉假裝成別的樣子，也就是裝作強悍得像根釘子，而不是發揮她真正的強項去扭轉談判態勢。

我經常看到有人踏入這種陷阱。像安潔拉這種在談判中願意通融的人，常常會想要變成攻擊性比較強的人格，因為他們深信好勝的談判者通常是贏家，好人一定會輸。他們認為必須要極具攻擊性，像《創智贏家》（*Shark Tank*）電視節目中的投資人凱文．歐賴瑞（Kevin O'Leary），或是運動經紀人羅森．豪斯（Drew Rosenhaus）那樣。他們把自己談判失利歸咎於不夠強悍。難怪如此，因為我們從小就被教導在某些社會情境中，像是在公園裡碰到有人欺負你，你要表現得比平常更強悍。但是，當你刻意表現強悍，忙著演出另一種人格，你就很難施展談判所需的策略技巧及應變能力。因為過度假裝讓你不能清楚思考，也無法讓你全心投入。事實上，對付會欺負人的談判者有很多方法，其中最強大的方法就是，充分了解你的施力點。畢竟，跟強勢者好好談判，並不代表你要假裝成他們那樣。

其實，無論是什麼個性及談判風格，每個人都可以是很棒的談判者。如果你將談判結果不如意歸咎於你的談判風格，因此採取不同的人格展現，那麼你很可能會適得其反：當緊張態勢升高，你會傾向於回復到最令你舒服且熟悉的狀態。也就是說，你會變得**更像**你自己，而不是反之。也許你會像安潔拉那樣作勢逞強，但是這種行為不會內化成你的一部分，因為最後你仍然會是自己本來的樣子。因此，在外人看來你就像人格分裂。這個時候，你就會被對方抓包了。

我教談判這門課十五年來，教過的學生將近五千個。我在華頓商學院的大學部及研究所都有開課，此外還在高盛集團的「萬家小企業輔導計畫」（10,000 Small Businesses）給創業家們上課，這個計畫很類似為企業主開設的ＥＭＢＡ課程。我固定造訪紐奧良、底特律、紐約、普洛維登斯（Providence）等等城市去教課。我教過埃及開羅的婦女、銀行高層主管、中國的不動產投資人、護士、美式足球聯盟

（NFL）球員、運動產業經紀人。我在課堂上帶他們分析布萊德和安潔拉的談判情境時，我強調談判首先必須要認識自己，把真正的自己帶到談判桌上，然而大部分學生都很困惑。「自我覺察跟談判有什麼關係？」他們通常明顯表示不解。「這應該是談判課，而不是心理治療吧。」

我跟我的學生說，我的課確實是談判課。而在這裡我也要告訴讀者，這本書的確是談判書。只是，它跟你預期的不太一樣。我在課堂上提出四項談判原則，我也會在本書持續探討這些原則：

談判不是單人秀

根據學術定義，談判指的是「為了達成協議所進行的討論」。由此可知，它牽涉到一系列「軟性」技能，包含：在協商時，你怎麼與人溝通？你如何達成協議？當然，某些談判牽涉到諸多複雜的算計，但是，如果你沒有充分了解個人強項及盲點、無法真正了解對手的觀點、沒有在溝通過程中與對方建立正向連結，那麼，就算你是世界上最聰明的數字天才，也可能會搞砸一場談判。換言之，若是你沒有

EQ（情緒智商），IQ也不會起什麼作用。

成功談判，都從自我展開

我在課堂上花了許多時間解說「自我價值」在談判所發揮的作用，更一再強調自我價值與談判的相關性。曾有學生在課堂上問「沒自信的相反是什麼？」另一個學生隨即大喊「自戀！」我覺得這個答案非常對。「沒自信」的相反，並不是「有自信」這麼簡單。而且，充滿自信應該是一般人的常態，而不是被人奚落的特質。

當我們不相信自己的價值，我們就看不到自己的力量。而當我們沒有看到自己的力量，我們就無法了解自己的施力點，難以在談判中完整發揮潛力。比方說，前花旗美邦總裁莎莉・柯洛切克（Sallie Krawcheck）就是一個絕佳例子。在華爾街高層會議室中，她通常是唯一的女性，儘管她可以淡化自己跟同事的不同，或是把身為女性當作是弱點。但是她沒有。她寫了一本書名為《勇於擁有》（*Own It*），講述她從其中找到力量的心法。正是因為她是女性，因此她跟別人看待事物的方式不一樣。性別讓她具有施力點。

自我價值，是深入談判的關鍵，但是它也是談判的起點。透過談判這個放大鏡，談判者意識到必須更懂得聆聽、更投入當下；透過這個放大鏡，談判者明白過度膨脹的自我對談判結果有損無益；透過這個放大鏡，談判者處理過去留下的傷口，幫助他們釐清自己太快預設立場、導致做事綁手綁腳的原因。談判是人們探索倫理以及價值的方式，也是強化同理能力的管道，而同理心是任何困難談話中的最大資產。當我的學生從談判的角度觀察他們的生命，他們會更加了解自己。而這也促進了他們的人際關係，使其在專業領域、甚至個人生活都獲得更大的成功。曾經有學生的配偶來找我，說我的談判課拯救了他們的婚姻。

在我的談判課堂上，時常可見到學生的情緒波動，而且常常不只一人。有些學生甚至還會哭。不過我要聲明，這並不是因為我個人的關係。雖然我不是會對學生溫情大擁抱的老師，但我也不是喜歡打擊學生的恐怖教師。我十分在乎我的教學，我大力要求學生把全然的自己帶進來。這種經驗的高強度使學生驚訝，無一例外。人們對談判有許多誤解，這只不過是其中之一。人們以為談判不牽涉感受、也不摻入個人情感，但就我所知情況正好相反。我教過各種年紀、不同性別、閱歷不一的學生，因此我知道無論什麼身分背景，談判都是一個充滿情緒的題目。無論是我們的自我意識、我們認為自己的本質是什麼，還是我們擔心什麼，談判都能直指核心。這也就是為什麼，談判可以讓我們學到許多。

人生，就是一場談判

我們從小就在談判，小時候為了得到所要的東西而大發脾氣；生命走到盡頭時，我們考量各種醫療介入，這也是在談判。我們跟小孩、父母、岳父母、公婆、雇主、鄰居、上司、健康照護者，以及生活之中每一個人談判。我們更是一直在跟自己談判。照理說，我們應該是愈來愈會談判，應該也愈來愈自在才對。理想上，我們會知道，談判在我們所做的幾乎每一件事上都扮演著重要角色，而且我們會知道談判是極度個人的事。

當你跟不同面向的自己對話，那是一種談判；你的孩子到了睡覺時間卻不想上床，那也是一種談判；你想要你的狗狗進門，但是牠卻想待在外面，那是談判；當你考慮換一份工作，你列出好處、壞處清單，那也是談判（甚至都還沒談到薪水呢）。談判是一個讓我們找到自己聲音的平台。談判是決策、溝通，以及批判思考。談判就是**生活**，而當我們在交涉中愈自在，就會對自己的技能愈有信心；我們愈看重自我價值，就會愈覺得滿足。

人人都能是談判天才

我經常碰到一些學生，無論男女，他們會說：「我是很糟糕的談判者」、「我很容易被對方帶著走」、「我害怕困難的對話」、「我不喜歡談判，因為我不喜歡衝突」。長久以來我們對談判的刻板印象是，好的談判者就像布萊德那樣充滿自信、具攻擊性、口齒伶俐。這也是為什麼像安潔拉這種富有同理心又安靜的人，會認為自己應該要像他那樣。然而，我希望本書能一舉打破這種誤解，即使這只是我這個作者唯一做到的事。真相是，富有同理心的人，會是很好的談判者，像我所見過的許多頂尖談判者都極富同理心。此外，個性內向的人也會是很好的談判者，我太清楚了，因為我自己就很內向。甚至討厭衝突的人也可以是很好的談判者，而且其實這些人後來會愛上談判，因為他們理解到談判大多是在解決問題。另一方面，並不是每一個以為自己是個好談判者的人，實際上都很優秀。世界上像布萊德這種人也有他們的盲點，會削減他們達成協議的能力。也許是過度自信，使他們沒有做好適當的準備，也可能是他們的形象和名聲之故，導致機會之門關上。關鍵就在於了解自己，了解你真正的強項在哪裡，然後把這個強項帶入談判中。

跟我教過的學生一樣，談判對我來說也是一輩子在學習的功課。

我很小的時候移民到美國，那是一九七八年伊朗革命時期。我的父母秉持著傳統家風，期望我恪盡本分。當我父母及兄弟姐妹之間有意見衝突，我們不會一起合作解決問題，而是激烈地一來一往。我們家裡很少有人會放棄自己的立場。如果對話牽涉到政治或是人生抉擇，那就非常累人了。我們通常不會用理性辯論的方式來解決歧見。我想，我家每個人都只是想各抒己見，即使這樣做只會造成另一個無解的爭端。這一點也不有趣、也沒有效，但這就是我家的溝通方式，所以我學到的就是捍衛自己。

走出自家有限的場域，關於談判我最記得的一件事是在我當時工作的愛滋病防治組織，位於加州奧克蘭。當時愛滋病猖獗蔓延，而一些不易尋訪的群體如非裔美國人、拉丁裔婦女、年輕人、與同性有性行為的男性等，受到愛滋感染的比例相對更高。

我們想要去接觸邊緣人口，包括性工作者及其性伴侶、靜脈注射毒品使用者、變性人，以及高危險群的年輕人。我們的工作之所以有效，要歸功於我們是在他們的地盤上跟他們見面，我們提供的服務及教育是符合文化脈絡而且不帶評斷的。我們了解我們所服務的群體。無論他們需要的是溫熱的食物、乾淨的針頭、保險套、金錢報酬，還是協助就醫事宜、申請住所等等，我們都提供。我們不會有攻擊性或是批判任何人，而是帶著尊重及同理。

在那個組織工作，使我經歷到人生幾個最值得也最富挑戰的談判經驗。畢竟，跟性工作者及毒品使用者談到使用保險套及乾淨針頭的重要性，並不是一般談判的場景。不過，說服高危險群的年輕人去做ＨＩＶ檢測，告訴他們安全性行為是生死交關的事，這構成了不少有趣的對話。我們的服務對象的生活跟我如此不同，但我記得自己很想了解他們以及他們的選擇。我不是站在譴責的立場，而是希望能獲得他們的信任並且讓他們感到有尊嚴，我的方式是展現出我專注於他們的福祉。

那時候我才二十一歲，要試著勸陌生人去做一個他不想做的檢測，還得提出一個他真的不想面對的刺激問題。簡單來說，那就是談判中針鋒相對的情景。

我永遠不會忘記有一次跟一個年輕人談話，他才十八歲多一點吧，但他不使用保險套。我跟他解釋ＨＩＶ病毒感染的風險，看得出來他並不吃這一套。「如果感染病毒，可以活多久？」他問。我一臉疑惑，他又問了一次，「如果我測出ＨＩＶ陽性，那我多久會死掉？」

我記得自己回答他，因人而異，但一般來說，如果沒有治療的話，從感染ＨＩＶ病毒到演變成愛滋病大約是五到十年之間。誰來問我，我都會這麼說。我回答得很有技巧，但是他的反應讓我嚇了一大跳。

他聳聳肩彷彿沒事一般，「喔，那很久。搞不好我明天走出家門就會被槍斃了。」

那時我才了解到，我不能奢望自己可以說服他，除非我真正了解這個年輕人的生活，除非我能站在他的角度看事情。我不能預設立場，即使那是關於風險的基本假設。這是我永遠不會忘記的教訓。

從草根組織的愛滋防治工作，到華頓商學院教授談判的中間這幾年，我的人生經歷跟許多教授同事很不一樣。在獲得ＭＢＡ學位後，我的工作並不是斡旋國際協議，而是經營我自己的公司，我從這份事業學到許多商業技能。同時，我也擔任許多公司的顧問，處理多元及包容的議題。多元包容與談判之間的關係看似很薄弱，但其實兩者之間極為相關。畢竟，每個人都不一樣，而我們可以從差異中汲取價值。不過，為了發掘這些差異並從中獲益，你必須要有說服力、要有效能地談判，同時把完整的你、真正的你，帶進談判中。

後來我開始教授談判課，我了解到要做的還有很多。我把課堂看成是培養皿。我的課程是實驗性的，就像本章開頭提到的那樣，我會讓學生模擬談判，要他們把我剛剛教的理論知識運用在談判情境中。在學生模擬談判完之後，我會把每個人的談判結果投影在螢幕上，讓整個班級一起看。學生馬上就能看到自己的表現，並與其他同樣角色的同學做一番比較。不過，當我們深入檢視談判結果，大家會理解到，談到有利的結果並不一定表示獲勝。這個過程並不是要羞辱任何人，而是要把整個過程攤開來看，儘管這會讓有些人覺得很赤裸，但如果處理得當，這種脆弱會帶來不尋常且通常是意料之外的坦誠。

在我們拆解談判練習時，我注意到學生碰到的困難很類似，而且背後的故事比統計數據來得豐富許多。我針對這些去做研究分析以更深入了解。舉例來說，有些學生要求太低，而我也發現他們所要求的，與他們對自己的感受有關。有些學生會

「假裝」成不同的人格，就像安潔拉那樣，認為自己必須表現強悍才能得到好的談判結果，但是這種方式很少成功。我注意到，學生一年比一年更容易分心。由於他們無法專注在對手身上，導致錯失了關鍵資料而損害談判結果。我也知道，許多學生來到課堂上，以為談判就是一個有贏家有輸家的戰場，而不是一場可能讓雙方都有收穫的對話。

我注意到學生這些傾向，於是我改變了教學方法。我還是會傳授基本概念，例如我會強調「善用資料來設定目標」的重要性，但是，我會把重心放在你看到資料時，你看到的是什麼故事，以及為什麼。自此，課堂上的能量改變了。學生開始更加了解別人、更願意展現自己的脆弱，也會改掉一些導致他們無法取得進展的壞習慣。有些談判教授會根據學生模擬談判的成果來評分，但我認為有更好的方式，我更注重過程。

學生常會說我的談判課是，「哇，完全跟自己想的不一樣。」我知道，因為我也沒有料到會是這樣。其實我到現在仍有同感，所以，每當有人稱我為「專家」，我總覺得有點難為情。我覺得在談判中沒有人是專家，因為每一天我對談判的了解都會更豐富一點、更細緻一點。我們都是這樣。

你不會在這本書看到很多理論或是處方建議。市面上有很多書寫談判理論或技巧的書了，而且都寫得很好。相反地，你在本書會看到、也是我的學生要求的，是情境，即在日常生活中，許多談判檯面下充滿人性的真實情境。

本書第一部分探討的是，是什麼讓談判者陷入困境，其中包括我觀察到人們最常出現的模式。第一章重心放在我們如何看待自我價值，以及我們對自己所說的故事如何影響我們在談判中的要求，無論是給自己放一天假，還是要求晉升。第二章要探討的是，我們想被別人喜愛的需求，影響了我們為自己爭取權益的能力。第三章則是討論到，過去的痛苦經驗如何影響我們與自己、外界談判的方式。第四章的重點是，人們經常只注重要求什麼，而不是應該如何要求。

本書第二部分進一步深入探討，從什麼讓我們陷入困境，進展到什麼能讓我們**點頭同意**，或甚至得到更多。事實上，有力的談判者會把目標放在獲得比本來計畫的更多，並且讓每一方都得到比預計更多。

我把第五、六、七章當作一個系列，因為這三章涵蓋的是一套整合技能，包括開放心胸、同理心、全心投入。事實上，展開每一場談判時，你必須帶有好奇心，坦誠交換資訊。當你展現出真正興趣，並且有能力讓雙方對話不只是一場交易，那麼你就會更了解對手。當你展現同理心，即使對方的觀點和你南轅北轍，你還是可以理解為什麼他們會那樣想。全心投入在談判過程中非常重要，因為你必須有效把握當下，同時讀取對手的暗示。全心投入讓你的對手相信，你對他們以及他們要說的事情真的感興趣。

我會在第八章提到，開放心胸、同理心，以及專注當下，能使我們解決問題，也有助於我們摸索出協商之道，並採取「這塊餅夠大，每個人都能分到一塊」的態度。

在第九章，我歸結從第一章到第八章的原則，而得出這個觀念：當你找到你的力量所在，你就具有談判施力點。相較於誰能帶來更多錢或資源，「找到談判支點」具有更深層的意義。

最後第十章我會整理所有論點，運用在「民主」這個地雷區。因為，在一個國家、甚至整個世界持續發生衝突的情況下，找出方法坐上談判桌，比過去更加迫切且重要。

在整本書中，你會讀到我的學生的故事，看見他們奮力協調父母期望和個人追求，就像我以前一樣；你會發現美式足球明星也一樣苦於溝通他們的身價；你會讀到中年父母設法解決孩子的托育問題，也會看見二十歲年輕人的生命煩惱；你會讀到談判名人如曼德拉（Nelson Mandela）的故事，也會看到名不見經傳的小企業主像莎拉．法贊姆（Sarah Farzam）的故事。透過這些故事，你會明白我們都有同樣的掙扎；你也會了解到，與談判的掙扎，就從我們自身開始。

PART

I

談判桌上的阻礙

你心裡想什麼，

你就會變成什麼。

——世界拳王阿里（Muhammad Ali）

第1章
自己的高牆：妄自菲薄的故事

我人生中最大的談判，是跟我自己。

一切都始於手麻。當時是二〇一〇年，身為公司共同創辦人的我，為了公事忙得焦頭爛額，沒有時間去處理這個小毛病。我不只忙著寫提案爭取一份大合約，還要決定是要盡全力搶救這個經營困難的公司，還是放手往前走。手麻這件事只能等一等了。不過，在我送出提案之後，手變得更麻，我知道我得去看醫生。我心想，這應該跟我已罹患八年的視神經炎（optic neuritis）有關。以前我的醫生說神經發炎可能是多發性硬化症的徵兆，不過後來排除了這個可能性。現在，手麻似乎是另一個徵兆。我很想否認和逃避，但是我知道，弄清楚比一無所知來得好，所以我去做了核磁共振造影，並且被轉介去看一個神經科醫師。

這個為我診斷的神經科醫師，是個就事論事的人。他說我得了多發性硬化症，必須馬上注射類固醇來處理手麻的問題。聽到這裡，雖然我外表看起來不動如山，但內心卻是天崩地裂。接下來那一週，我的皮膚嚴重破皮、食慾減退，剛好我最好的朋友來訪，她幫忙我度過初次治療時期。我感覺自己很軟弱，事事都得依賴他人協助，而這兩種感受是我一直以來在奮力對抗的。事後回想，我才理解當時我有多麼煎熬，以及我有多麼害怕現實。我對多發性硬化症的印象就是患者要坐輪椅、行動受限而且仰賴別人。我不知道這個診斷是什麼意思，也不知道未來會是什麼樣子，但我很害怕有一天我得依靠別人才能維持基本生活需求。我對多發性硬化症一無所知，而在這個脆弱的時刻，我對自己說的故事，是一則恐怖故事。我拒絕看到其他資料，只接受那些驗證我的恐懼的訊息。我限制了各種可能性。我成為自己最大的敵人。

不過，情況很快就有所好轉。我開始尋找最專業的醫療資源，並很幸運地預約到了華府最頂尖的神經科醫師之一。醫生跟我握手之後請我進辦公室，一下子我就感覺自己彷彿被一張毛毯暖暖地包覆起來。他的眼神流露出慈悲，這讓我覺得安全。這個醫師接下來花了很長一段時間為我看診。我坐在他身旁，他帶著我一起看電腦螢幕上的核磁共振影像。他解釋得鉅細靡遺，對於我在網路上找到的資料，他很快就釋疑，「我所做的是創造可能性，而不是限制可能性。」他告訴我，他會盡全力確保我健康如常、避免復發，但是他也明白對我說，他建議高強度的治療方式，「我偏向激烈的治療方法，因為我希望妳每天都像今天這樣健康。」

他指出一項重要事實，是我在對自己述說末日故事時所忽略的：「如果妳八年前症狀發作確實是因為多發性硬化症，而接下來幾年在沒有任何治療之下，妳從來沒有出現其他症狀，那麼，這就讓我們知道一個重點：過去幾年妳採取了健康的生活方式。或許是運動、或許是飲食習慣良好，這讓妳保持健康、身體強壯。仔細想想，這是一件了不起的事。」

這番話讓我豁然開朗，給予我這輩子最大的啟悟。這個醫生讓我知道，我必須改變敘事，說出一個更真實的故事。我整個人精神一振。好幾星期以來，我總算感覺過去的自己回來了。我感到堅強且充滿決心、心神專注，而且非常健康。前後差異立見，幾乎讓我感到飄飄欲仙。

我上課時教我的學生必須去檢視擺在眼前的資訊，然後弄清楚要怎麼權衡這些資訊。這個上天派來的神經科醫師是對的。我已經沒有症狀八年了，這是一件了不起的事。我為什麼很快就將這項資訊拋在腦後？

從那刻起，我的故事就非常清楚。沒錯，我患有多發性硬化症，這個部分並沒有改變。但是我很健康，這個診斷其實是一個禮物，讓我把健康擺在第一位。儘管創業家有時候很難取得工作與生活的平衡，但我從來沒有忽視健康。八年後，我還是沒有症狀。我很可能**從來**沒有像現在這麼健康過，而且我也常常忘記自己其實患有多發性硬化症。畢竟，我的身體活動能力健全，更不時驚訝地發現，原來我能一再突破自己的極限。事實上，我大部分的朋友、家人、同事及學生讀到這裡時，應該會很訝異，因為他們都不知道我患有多發性硬化症。我沒有公開這件事，因為我不想讓它定義我，或是讓它改變人們看待我的方式。醫生告訴我，由於距離上次發病已經很久了，他認為我能保持身體健康。從許多方面來看，我現在就是以最好的狀態活著。此時的我無畏、堅定，而深深影響我的是希望以及可能性，不是恐懼。在二〇一〇年改變我命運的那一天後，我告訴自己的故事，一直都沒有改變。

教談判時，我對待學生就像那個醫師對待我一樣。我經常見到學生脆弱與迷惘的一面，也從他們身上聽到各式各樣的故事。比方說，有的人是該領域中最資淺的菜鳥，什麼都比不過別人；有的學生是唯一的有色人種或是女性；有的學生說自己

「只不過」是個髮型師或廚師。他們不曾質疑這些敘事，也沒想過上談判課時要質疑這些敘事。我最常聽到的故事，都是學生們妄自菲薄。而我就像那位神經科醫師，對學生說，「為什麼你認為是那樣？為什麼你不能看到我所看到的？讓我們來看看眼前所有的事實。我們所做的，是創造可能性。」

巴爾的摩某個陽光明媚的午後，一場典禮彩排正如火如荼地進行著，這是高盛萬家小企業輔導計畫首兩屆學生的結業典禮。這個輔導計畫由高盛出資，目的是協助創業者壯大公司並增加工作機會。學生除了可以在教室上課，例如我教的課，還能得到資金挹注以及頗有價值的人脈網絡。我非常喜歡這個計畫，就算我沒有在這個計畫任教，我也會是它的粉絲。那天我抵達巴爾的摩，學生們愉快地談笑著，很興奮隔天要與家人一起參加結業典禮。這些學生在課程期間都有全職工作，因此能夠結業並不是很容易，難怪他們會這麼開心。

在彩排會場外，我碰到一個學生丹娜·西寇（Dana Sicko）。她向來充滿活力、面帶微笑，我一直認為她個性樂觀開朗。她經營餐飲公司及果汁公司，而她的活力就像她賣的飲料口味一樣，是小小的包裝盒無法局限的。不過，那天下午她卻很反常，看起來很畏縮，甚至還有一點點緊張。她變得像是一個小女孩，而不是我所知道的那個活力四射的女人。她的態度與歡樂的典禮彩排形成巨大反差，也跟我認識的丹娜判若兩人，所以我走過去看看她到底是怎麼了。

我們親切地談了一、兩分鐘，她似乎有點失神，好像是想在我面前努力擠出笑臉。我開始跟她聊一個我們倆都很熱衷的話題：果汁排毒法。

「妳知道我很愛喝果汁吧？」我說。我一直都非常注重健康，而且我敢說自己是個現榨果汁的品鑑行家。

「噢。」她說，「我不太確定我知道這件事。妳喜歡喝哪家飲料呢？」

我說了一、兩個品牌，然後說，「不過還有一個也是我的心頭好：平底帆船（Gundalow）。」

她禮貌性地點點頭，好像根本沒聽到我說什麼。大約過了一分鐘之後，她驚訝地說，「等等！那不就是**我的**公司嗎！」

「沒錯！」我回答。我心想：這女人是瘋了嗎？難道她不知道自己的產品有多棒？

後來我才知道，丹娜正在擔心平底帆船這家公司。那時候公司正面臨一連串挑戰，她不確定是否能經營下去。她無法期待課程結業，反而覺得自己配不上。我碰到她那天，她正想著，一個魯蛇走上結業典禮舞台，然後假裝自己很成功是什麼感覺。

對於平底帆船公司的經營來說，這種敘事遠比帳面數字更具殺傷力。丹娜當時正在準備一份預測報告給她的投資者，她必須決定怎麼拿捏未來的銷售數字。她可以拿公司經營慘澹那年來看，也可以看營收衝高那一年，或也可以考量以前碰到物流問題而拖累公司進展，但是現在這已經不是問題。改變心態並不表示要假裝成另一個人格，或是得在沒有自信時裝作很有自信。相反地，改變心態指的是真的有信心，去挑戰某些既定的假設，並看眼前所有的資訊，而不是只看壞的那些。我跟丹娜談話那一天，她的心情低落。但是，後來在製作投資預測報告時，她重新校正心態，將課堂學到的運用出來。她考量到更廣泛的事實，而不只是某些讓她難受的部分，並且提出一個完全站得住腳的樂觀敘事。

決定成敗的一則故事

正因為我們對自己說的故事，導致我們可能是自己最大的談判敵人。畢竟，這些故事常常讓我們小看自己。

這句話並不是沒有設身處地的高談闊論。我自己就常常說出對自身價值毫無幫助的故事。曾有許多年，我的事業夥伴比我年長又有經驗，他是我事業初期的導師，後來才一起創業，所以我相當尊敬他。事業順利時，我們之間的決策差異並不明顯，但是若我們碰到很大的阻礙及財務挑戰，懸殊立見。在困難時，我感受到債務壓力以及必須裁員的罪惡感。我總是在擔心，還切身感覺到自身的責任，但是他在商場上的多年經驗讓他處事更為豪邁。不過因為我們對於責任的感受完全不同，在遵守財務承諾這方面就很難做出共同決定。

對他我會讓步，而不是堅持我的立場，因為我對自己說的故事是：我還有很多要學；我缺乏自信；我還年輕又涉世未深。但是，我其實可以對自己說一個不同的故事：沒錯，他在某些領域的經驗較豐富，但是我的直覺和理解力都很強，而且是我負責募資創業。當然，我不是每件事都對。例如，事後來看，「不要概括承受員工個人的財務狀況」這一點絕對是正確的。但是，當我回頭看自己創業那幾年，我後悔的是沒有更全然掌握自己的力量。

看著丹娜這樣的學生，我在他們身上看到自己。我在人生中經歷過許多自我懷疑的時刻，而我想要協助他們不再懷疑自我。就算我無法提供一個神奇的克服管道，至少我會想要幫助他們認出自我懷疑、仔細檢驗它、知道它在那裡，這樣才能想辦法對付它。畢竟，如果這是他們對自己說的故事，他們同時也投射了自己的不安全感。這也就是為什麼我最常告誡學生，「你不能當那個自貶身價的人，因為其他人會經常對你這樣做。」

我班上有個女性叫做金姆，她承認自己很沒自信，會在談判中採取低姿態，導致無法「堅持立場」。但是，當我還不認識金姆，而是在備課過程中看到學生照片時，她的照片吸引了我，我能感覺到她渾然天成的吸引力，並能從她的笑容看見自信和從容。後來我們討論到她內在的不確定感，我說，「讓我告訴妳，我們認識之前我對妳的感受。」光是聽到我說她在照片裡看起來堅強又有氣勢，就讓她掉下眼淚。那種氣勢就是她想要擁有的**感受**。她了解到，在這堂課裡她要做的並不是工於心計及裝腔作勢，而是相信她的自我價值。

這個例子並不是個案，我不斷碰到這種情況。我用讚美的眼光看待某個人，而觸動到對方一條非常敏感的神經，讓對方感觸良多。還有另一個例子，我問一個學生為什麼她談判一開始要求那麼低。她說道，「也許我不夠了解這個案子。」停頓一會兒之後她又補充，「也許是我不覺得自己值更多。」

我知道她是個能幹的女企業家，所以我說，「妳不是已經有二十年經營公司的資歷嗎？誰能做得比妳更好？為什麼妳會認為妳不值得？」

「但願我能答得出來。」她說，「我就是覺得自己不值得。」

讀者不要覺得這是女性專屬的問題。在男性身上我也一直觀察到這種狀況，包括在我們刻板印象中最有男子氣概的男性，像是ＮＦＬ的職業球員。我曾經跟即將離開ＮＦＬ的球員一起工作，對他們來說，未來非常可怕而且充滿不確定性。球員退役之後必須當自己的啦啦隊、為自己加油，這可能是他們人生中第一次遇到這個狀況，因為他們在高中及大學時就已經是備受尊敬的運動員。那是非常孤獨而且可怕的境況，這種孤獨感可能會讓你變成自己最大的敵人。只要自我懷疑悄悄潛入，你內在的敵人就會充分利用它。

他們說，「我除了打美式足球以外沒有其他資歷。我很會打球，我就只會打球。」但我們這些跟球員一起工作的人，卻不是這樣看。比方說，球員身為團隊的一分子，這就是值得注意的工作資歷。但球員卻不認為自己有任何與世界接軌的技能。那麼紀律、團隊合作、恆毅力、心理韌性呢？還有，能記住複雜的攻防戰術的能力呢？或是仔細看賽事影片數小時並且逐段分析？職業道德？事實上，職業球員為了他們口中「我只會那一件事」而做的每一項準備，都是與職場非常相關的技能，無論他們是要去別的公司工作或是創業。但是，他們對自己說的，卻是一個刪刪減減之後的故事。

我們對自己說的故事會形塑我們、定義我們，並且影響到我們與周遭世界談判的方式。當你抓到這個概念，你就會看到它無所不在，無論是在你所上的課堂裡、當你與別人一起合作，還是你收看的電視節目中。比方說，我很喜歡的電視劇《令人驚嘆的梅索太太》（*The Marvellous Mrs. Maisel*），就討論了這個主題。劇中女主角米琪．梅索的人生劇本，都是別人為她寫好的。她是一九五〇年代紐約中上階級的家庭主婦，在那個時代做妻子就得要相夫教子（包括等到丈夫睡了之後她才可以塗上面霜或上髮捲，以維持完美形象）。當丈夫說自己有外遇因此要離開她，米琪的故事仍然是被安排好的：她必須要等丈夫迷途知返，然後她應該要接納丈夫。但是，米琪要的不只是這樣。她知道自己**值得**更好的。她個性風趣開朗，並想成為脫口秀演員。她不讓人生障礙或是時代傳統來定義自己。她的故事從「我是一個奉獻給家庭的母親」，進化成「我是一個奉獻給家庭的母親以及喜劇表演者，沒有任何事能阻擋我」，接著再進化成「沒有任何事能阻擋我」。

電視劇演的很容易，角色發展全都濃縮在一季八小時的節目中。但是別搞錯了，現實並不是這樣。要對自己說出正確的故事，事實上很混亂又複雜，而且，雖然那是必要之舉，卻十分困難。這牽涉到自尊及自我覺察，並且還要對抗冒牌者症候群（imposter syndrome）。說出自我價值的故事，也不是在聖多納（Sedona）瑜伽靈修營唱黑人靈歌，或上「愛自己」等課程就做得到。事實上，說一個自我價值的故事，不僅非常務實且實用，也跟談判息息相關。然而，如果我們讓自我懷疑主導了談判，那麼，還沒有開始談判，就已經決定結果了。你愈是對自己的故事有信心，面對那些會質疑你的故事的人，你就愈不會不知所措。我們告訴自己的故事，能夠決定談判結果是好是壞，決定你能登上舞台還是打包回家。

「夠了就好」如何害了你

有一類談判者，我稱之為「夠了就好」派。他們不會設定什麼雄心壯志，而是謹慎保守。就算對方給的條件不夠好（這是當然的），他們也會接受。這種「夠了就好」談判者不容易辨識，因為他們從來不會說自己這樣是甘於平庸。他們不會明說「我覺得這樣就好了」，而是會合理化自己的做法，說是沒有看到足夠證據來支持自己要求更多，或是說自己只做符合道德的事。合理化的說法很多種，但是在這些說法之下的故事就是：平庸就可以了，還不錯就是很棒。

華頓商學院的大學生山姆，就是這類型的談判者。他不喜歡打亂現狀，雖然他通常能在模擬談判中談出結果，但是每一個結果都不是非常出色。在某個課堂活動中，他扮演一戶公寓的賣家，這個公寓有一個罕見的優點就是可以看到水景，這是很好的賣點。但是整棟建築物需要加裝外牆板，這表示每一戶屋主會被收取一筆「特別評估費」，而且要忍受好幾個月的工程期。

我的課堂活動都會提供足夠的資料，以讓學生好好估價。山姆設定的底價是三十萬美元。山姆認為如果成交價低於此，會損失太多錢。他對買家開價三十二萬五千美元，並花了很長時間跟對方解釋，每一棟公寓大樓都可能被收取一筆特別評估費，不過長期來看這不是什麼大問題。但買主珍妮不願意付超過二十九萬美元，所以最後山姆沒有談成他要的條件。我在活動檢討時問他，「那你為什麼還要成交？為什麼不等等看其他潛在買家？你可以不要簽約啊。」

上完課之後，山姆顯然很沮喪，於是我問他想不想談一談。他問我，「我的老毛病是低估自己，對不對？」我認為是的。無論山姆要賣什麼東西，他都賣得不好，他的問題一直都是：無法在談判中擁抱自己的價值，所以每次他得到的都是「不好不壞」。

像山姆這樣的學生在準備談判時，他們沒有把焦點放在如何使用手上資料，來設定更宏大的目標（那戶公寓有無敵景觀啊！）而是把時間花在找出論據中的缺點（評估費！施作工程！）然後猜測對手會怎麼想。這類談判者會認為，「這戶公寓有這些問題，我怎麼能開那麼高價呢？」「我是不是太貪心了？」「我要怎麼知道這戶公寓的合理價格是多少？」自我懷疑悄悄潛入，結果就是開一個穩當的價格，或是讓對方先開價。

果不其然，在我們檢討這個課堂活動時，山姆便表示他手上沒有足夠資料來支持他提出更高的價格。他不認為自己能找出正當理由來開高價。我說，「那這樣吧，我們來測試一下。」我們逐項檢視資料，這些都是事前就給他的，資料顯示那個區域的公寓賣價是三十五萬美元或四十萬美元。他說，「是沒錯，但是那些公寓都比較大。」這個時候就是一個絕佳的「診斷」時機。這是山姆一直卡住的地方，質疑自我價值的學生都會有這個毛病。他們緊抓住一、兩項會弱化其立場的資料，而不是花時間設法捍衛更高的開價（而更高的開價其實也有等量的佐證資料）。

山姆之所以會這樣開價是因為害怕對手會批判他，他害怕被別人認為不可信。有些人擁有比較健康的價值感，並且相信自己的判斷，因此他們會著手找出自己的價值以及資產的優勢在哪裡，然後想出能夠說服對手的論證。他們確實也會考量這個論證被反擊的情況，但是，他們不會一**開始**就去想這一點。而這種思考的順序，會造成非常大的差異。畢竟，他們的起點不是恐懼及弱點，而是信心及施力點。

山姆看到其他同學報告談判結果，許多人以三十二萬美元或更高價格賣出這戶公寓，而且也都有合理的論據說明這個房產為什麼值這麼多錢，例如它有很棒的景觀或是實木地板。他開始整理出頭緒，「噢，我想我是沒有去考量那些面向。」

山姆在課堂上體認到這一點，但是這項發現不該停留在教室裡。畢竟，公寓銷售只不過是一個課堂練習，跟他的日常生活沒有關係。然而，這個練習卻跟他在課堂之外的習慣很有關係。幾乎每個課堂練習都是這樣，因此對學生來說，我的課是高強度的學習機會。畢竟，無論是低估自己、懷疑自己的價值、套用刻板印象或別人的看法，都是有害的。要提出一個理想的開價，前提是你有一個以數據為佐的堅實目標，讓你可以有邏輯地站穩腳步，說出志向遠大而且有說服力的故事。從這種心智框架出發，你會更容易與對手溝通，也更能夠站穩立場。

兩個臨時保姆教會我們的事

我們在人生初期就在形塑我們的故事，接下來我們就傾向循著這條故事線走。以下兩個保姆的故事，很能夠說明這一點。

潔娜問她的鄰居——十三歲的女孩梅德琳，是否可以在某個下午來做臨時保姆，照顧她兩個女兒。梅德琳說可以。潔娜問梅德琳每小時收費多少，這樣才能準備現金給她。梅德琳覺得有點彆扭，答道：「我不知道。妳覺得可以付多少就付多少好了。」

「其他家長找妳做保姆，給妳多少錢呢？」傑娜追問。

梅德琳聳聳肩，臉紅了。「他們願意給多少就是多少吧。」她盯著自己的鞋子，這個動作顯示：我不想談這件事。不要跟我談錢。趕快結束這個對話！

梅德琳讓其他人定義她的價值。她可能心想，我只有十三歲，哪裡懂這些？但其實，她有能力照顧潔娜的孩子，這表示她已經懂得夠多了。

我們來看看另一個保姆。潔娜以前請過另一個臨時保姆彤恩每天下午來看顧她的女兒，為期一週。彤恩一開始就先談好一週的價錢，並跟潔娜解釋這是十三歲女孩當臨時保姆的行情，而且還提到自己去附近醫院上過臨時保姆課程。潔娜在一週結束付錢時，彤恩說，「咦，妳少給了五美元喔。」彤恩的媽媽在場等著接她回家，聽到這句話嚇到了，立刻想代女兒道歉。

潔娜要彤恩的媽媽什麼都別說，她補足了該給的錢，而且還給了一筆很不錯的小費，因為她非常高興看到一個年輕女孩這麼有主見。

我不想過分要求十三歲女孩，畢竟做個十三歲女孩本身就已經很難了。不過，這些十三歲女孩會長到二十二歲，去申請實習工作，然後找到出社會第一份工作，接著在企業階梯一步一步往上爬到高階主管的位置。因此，在這個經濟體中，重要的是了解自身價值，並在成長過程中重塑自我價值。要注意，我並不是在談「資格」。如果彤恩做臨時保姆有資格一小時拿二十美元，那麼，沒有工作經驗的二十二歲年輕人坐上管理職位也不為過。你要證明你有資格，首先就必須先知道自己的價值。彤恩收集了足夠資訊能證明她開價有理，她知道臨時保姆的行情是多少，也知道自己帶到談判桌上的是什麼，彤恩在十三歲的時候就了解她的價值。

我的學生莎拉創辦的小企業叫做「雙語鳥」（Bilingual Birdies），該公司透過唱歌教孩子學語言，創辦時她才二十四歲。莎拉說，「剛開始家長把孩子送來之後會問，『是誰負責這個活動呢？』我會靦腆地說，『噢，是我。』」

然而，莎拉說任何形式的談判都會讓她害怕。「我害怕**被拒絕或說不**，因為我不太清楚自己價值多少。」因此，跟她談判的對手都能明顯感覺出她的恐慌。所以她去找 SCORE 這個組織，它為小企業免費提供輔導，她分配到的輔導業師是一個年紀較長的男性企業高層，對方經營一家軟體公司。

莎拉說，「我去見他的時候，穿著 Forever 21 的衣服。我問，『如何在一場會議裡談錢？』他會說，『什麼意思？妳就開口談啊！』我告訴他我沒辦法。他一邊拿著一顆小籃球往他辦公室裡的迷你籃框裡投去、一邊解釋，『妳要做的就是告訴某個人，我做這件事的費用是一千美元或多少錢，就這樣啊。』」

莎拉心想，這個人來自不同星球。他完全不會感到恐懼。莎拉在整個談話期間都覺得跟他頻率對不上。他非常有自信，而莎拉確定自己沒辦法這樣。

我不是存心冒犯這位輔導業師（嗯，這句話不完全是真的），但是，他對一切視而不見，他沒有抓到困擾莎拉的問題。問題出在，莎拉對自己說的故事是，她是個沒經驗的孩子，在跟大人要錢。如果你不了解莎拉故事的根源，並且協助她看到不同版本的故事，也就是她不但非常適任、充滿活力、能說四國語言，而且是個很有天分的老師，那麼就無法協助她談判。莎拉不能只是說出自己的收費，而是必須相信自己**值得**那個收費。

莎拉的掙扎是很常見的。只要想想有多少人免費奉上工作成果就知道了。我一直都會聽到這種理由：「噢，我不想要他們的錢，我幫他們也沒花多少時間」，或是「我很高興可以這樣做」，或是「他們所做的事很有意義，所以我樂意幫助他們」。此言或許不假，我也不希望你成為電影《華爾街》（*Wall Street*）的男主角高登．蓋柯（Gordon Gekko），他最有名的吹噓就是「貪婪，沒別的字可以形容，它就是好！」因為無論如何，你都該做個仁慈的人！但是，我一向認為，做什麼事就一定要得到**某種報酬**，就算只是小小的報酬。或者，至少你在無償付出時要很清楚你的意圖（例如，規定自己一年頂多做兩件為大眾謀福的專案）。你的時間有價值，因為**你**有價值，這是對世界也是對你自己傳達的重要訊息。你的時間不是免費的，而是有價的。

我通常會雇用以前的學生來當助理，每次我問他們時薪要收多少，他們總是說，「噢，不需要給我錢。跟妳一起工作是很棒的機會。」我總是回答，「如果你不收任何錢，那麼我就不聘用你，因為你以後會覺得，別人不認為你的時間和你的努力是有價值的。我希望你了解，我看重你的時間和努力，而且只是**嘴巴說說**是不夠的。」不過，我也能理解學生的心態。如果我回到二十幾歲，教授要給我一份工作，我不會馬上就問「你要給我多少錢？」我完全能理解人們說「不需要給我錢」的心理狀態。但是，這種宣告會變成一種習慣，一旦習慣成為潛意識，它就會變得很危險。

而削減自身價值的過程是非常細微的，一開始是個小雪球，愈滾就蓄積愈大的動能，直到它變成一場危險的雪崩。它可能是這樣發展的：也許你擔心你吸引客戶的能力，所以你在工作提案時，會納入許多你的有價知識。你覺得自己需要表現更好、讓他們驚豔，你不相信自己優秀到他們願意冒這個險雇用你。問題就在於，你非常焦急地想要證明自己，擔心到你付出了所有價值。然而，如果你願意無償做這麼多，他們為什麼要付你錢？

當他們不願為你的知識而付錢，這就更加侵蝕你的價值。也許在接洽下一個客戶時，你會降低價格，那麼你就被定型了，很難再改變。其他人會知道，你不認為自己夠有價值，那麼他們就會趁這個機會占你便宜，因為別人就是會拿走你願意奉送的東西。

我的哲學是，一定要做一些價值交換，即使不是金錢交易也無妨。例如，如果我請以前的學生幫我做一件小事，我會希望他至少要說，「我不用拿錢，但能不能請妳花時間為我寫一封申請法學院的推薦信？」重點在於，必須要有某種程度的反覆交涉或取捨妥協，這樣你才不會不自覺地降低你的實際價值。

而人們之所以願意從事無金錢酬勞的工作，有很多聰明的理由。比方說，你可能是想要跟某個組織建立關係，或是你希望把某個公司的名字放上你的客戶清單，這樣就能增加你個人品牌的可信度。或者是，這個工作本身會讓你覺得充實滿足。

因此，就算你沒有拿到報酬，可能還是會獲得好處。

然而，對傑洛米來說，這些理由並不存在。傑洛米負責地方政府債券的銷售，身為業務員，他的強項之一是與客戶發展關係。他因私交而認識一個潛在的大客戶，對方一開始是打電話請他幫忙。傑洛米願意幫忙，並建議雙方訂個契約。那位客戶說，「好啊，沒問題，我們這邊會處理。」如此這般又無償幫忙了好幾次，那個潛在客戶不斷推遲簽約的事。這種情況太常見了，我猜你也知道這個故事的結果，最後終於到了要簽約的時候，客戶卻對傑洛米的收費有意見。這段關係破裂了，傑洛米覺得被利用，客戶則不高興傑洛米要收這麼多錢，尤其是那些客戶顯然不覺得有價值的工作。

傑洛米投注時間和精力去發展這段關係並沒有錯。但他錯在做太多無償工作，而且沒有清楚表明他帶給這個客戶的價值。換句話說，他需要教育消費者，因為傑洛米的潛在客戶從來不了解他工作的價值。

既然雙方關係破局，傑洛米最重要的任務就是認知到，自己學到一個寶貴教訓，長期來看，這個教訓可能會為他省下一筆錢。然而，若他從此假定每個來找他的人都是要占他便宜，他必須對抗這種怨憤不公的感受，那麼這道傷疤可能會傷害他的判斷力，這一點我會在第三章詳述。

總而言之，你必須思考清楚自己無償付出的程度、該投入多少努力，以及可能會獲得什麼。注意，我不是指投機式的思考，而是策略式的思考。這也牽涉到看重自己，以及重視自己所付出的價值。畢竟，「交易」從來不只是為了獲取金錢而已，也包含彼此互惠並且尊重對方的價值。重點在於，你要經常檢視自己，確定自己感到充實、滿足並且被看重，無論這份自我價值感是來自賺取報酬，還是建立一段關係，或是得到一個學習機會。如果你不覺得自己的價值被看見，卻還是持續付出，那麼你可能會開始懷疑你的價值，進而養成習慣、形成負面循環。或是你可能會變得憤世嫉俗，這也對你有害。

在景氣下滑時，人們特別容易落入這種壞習慣。當你給一、兩個人折扣，這個新價格就成為對方的期待，或許更糟的是，就連你也這樣期待。如果你現在已經這樣做，別鞭笞自己。許多創業者和小企業主在財務困難或是想要吸引客戶時，特別容易落入這種思維，畢竟你是在求生存！

然而，你必須確保你的客戶不會一直期待你打折。比方說，我就很欣賞我加入的華盛頓特區健身中心的處理方式。在長期不景氣時，這個健身房推出一項優惠是：按摩八十分鐘只要付六十分鐘的錢，並標注為「每月優惠」。由於經濟長期疲弱，因此這個優惠持續了很久。不過，當景氣回升時，優惠就取消了。要注意的是，八十分鐘按摩的原價從來沒有變過，只是用比較少錢就可以買到，這是「暫時的」優惠價，而且標示得很清楚。如果優惠截止，顧客也不會生氣，因為健身房一直傳遞出來的訊息是，這是每月優惠。所以當折扣沒有了，我們也不會繼續期待。

影響人生故事的性別標籤

自我懷疑並不限於性別，但是在我聽到的故事裡，性別還是扮演著強烈角色。每一期談判課程剛開始時，許多女同學都會說自己不擅長談判，或者說自己有「談判焦慮症」。她們或許不會這樣明白表示，但是當我將第一次談判結果展示給大家看，若結果不利於她們，她們會難過，這又加強了她們內心的恐懼，也就是她們不善於談判。這些女性對自己非常嚴格。所以，當我指出有獲得更好談判結果的方法，她們會點頭說，「我知道。我應該要做得更好。」

相反地，當我對男同學指出哪裡可以做得更好，許多男生會說，「是沒錯，但以我的立場來看，我認為自己在其他方面做得很好。」就算沒有得到好的談判結果，他們還是會這樣說。

最近在一堂課我對一個男生說，「克里斯，你還有很多進步空間。」雖然他模擬談判的結果不差，但是他沒有考慮到一些變數，也沒有問對方足夠多的問題。如果克里斯懂得提問，雙方能找到更多潛在的解決方式，也會得到更好的談判結果。

克里斯聽了之後態度很防衛，所以我對他說，「不要把我的話當成是對你個人的攻擊。每個人都有進步空間，我只是試著幫助你進步，沒有別的用意。」我觀察到班上那些沒有做得那麼好的男生，他們的反應也是這樣。我在課堂上很少憋話，所以我又補了一句，「這間教室裡的男士很有自信，即使談判成果不是很好，大家仍會看自己做得很棒的地方，不會執著在搞砸的地方。」另一個男生說，「嘿！妳這樣講我覺得被冒犯了。」真是沒完沒了！

我說，「不要覺得被冒犯，我那樣說是一種稱讚。」接著我對女生說，「女士們，如果我們擁有教室裡男同學身上四分之一的自信，想一想那會多麼影響我們的自我肯定感。我不是要男士去改變他們的行為，而是希望女性能夠轉變。妳們表現得像是一次談判結果就會決定了妳一生如何與人談判；妳們只看到弱點，而不是標舉自身的強項。」

我對這些事情的觀察，是有研究支持的。在某個精彩研究中，研究者把MBA學生分成幾組，各組在整學年都密切合作，學期結束時，每個學生會評估自己的表現並得到同儕評量。一開始，男生和女生的自評分數都比同儕評得更高。但是當所有學生看到這份回饋之後，接下來幾個學期，女生就把自評分數降低了。儘管也有男生降低自評分數，但是不像女生那麼多。

研究主持人瑪格麗特．馬約（Margarita Mayo）在《哈佛商業評論》（*Harvard Business Review*）寫道，「我們發現，女性會更快根據同儕看法，調整自我評價，而男生則繼續合理化，並且膨脹自我形象。也就是說，在我們的調查研究中，相較於男性，女性對同儕意見更加敏感。過了六個月，女性對自身領導力的看法已與同儕評估一致。相反地，男性則繼續膨脹他們的領導才能。」[1]

這件事可以用不同的角度來切入。某個程度上，研究的確顯示女性更懂得自我覺察，而這對談判者來說是一個很棒的特質。另一方面，馬約指出「吸收負面回饋會導致女性質疑自己的適任性，並且降低自信，這可能會阻礙女性接受新的挑戰。」《信心密碼》（*The Confidence Code*）作者卡蒂．凱（Katty Kay）以及克萊兒．雪普曼（Claire Shipman）也認同這一點，「資料如此顯示，無可否認。我們不認為自己比男性更適合升遷；我們預測自己會搞砸考試；我們直截了當地告訴大量研究人員，我們在工作上就是缺乏自信。」[2]如果女性對工作能力沒有自信，那麼她們又該怎麼看待自信這個在談判中被高度重視的特質？

高盛的萬家小企業輔導計畫中的學員丹娜說，她成長時期一直不停在道歉。她在與人交談或郵件開頭會說，「抱歉打擾你，但是我……」或是「抱歉來煩你，但是我……」或是「抱歉，雖然你可能想過這一點，但是我還是……」然而，在對談之前就先道歉，這樣只會削弱丹娜自己的可信度。但卻有非常多女性這樣做，我自己也常犯這個毛病。根據《心理學科學》（*Psychological Science*）研究，女性比較常道歉，因為相較於男性，她們認為值得道歉的事情更多。[3]簡而言之，女性經常覺得自己是在麻煩別人。

隨著丹娜的自信心與日俱增，她已能直接開口要求她真的想要的東西，而不是一開口就先道歉。丹娜說，「為自己發聲，並不會讓我變成壞人。我現在可以說，『我還不打算更動這部分的條件，但是我們可以一起討論看看。』我現在比較少道歉了。」

我很清楚這些性別故事造成的衝擊有多大，因為我一次又一次看到女性質疑自己的故事，或是讓個人故事傷害自己。在性別議題方面，我最值得回憶的經驗可能是在埃及開羅教書時。當時，高盛的一萬女性創業輔導計畫（10,000 Women program）在開羅美國大學（American University in Cairo）舉行，這是一個全球計畫，提供女性創業家企管教育、創業輔導、人脈連結，以及資金管道。

為了把握這個千載難逢的機會，協助事業更上一層樓，一群女性從阿拉伯世界來到開羅美國大學參加這個計畫。該計畫提供她們不可或缺的社群連結，讓志同道合的人能聚在一起分享經驗及挑戰，同時也能確認自己的創業目標及願景。

對這群女性創業家而言，來到開羅美國大學這個崇高的學術環境，當然令人畏懼。對某些人來說，這是很久以來首度回到課堂。其中一位學程主任哈菈・希勒米（Hala Helmy）指出背後的情境脈絡，讓我們理解為何這一切是如此意義非凡。「在埃及，女性是受到壓迫的。」她說，「在過去，女性因為身為女人、負責家務，而且應該扮演好賢內助，而被輕視。」那跟別人來一場強而有力的談判呢？想都別想！希勒米說，「因為她是女性，所以她不該為自身需求，或自己的權益發聲。」

因此，要掙脫這個敘事框架，對這些女性來說是了不得的大事。有些婦女不得不創造一個新的故事，因為丈夫撇下妻兒，她們沒有辦法養家。有一個學生在丈夫死後繼承了他的事業，但婆家沒有提供財務協助，也無伸出任何援手，她**只能**肩負起這個事業，學著經營才能養大她的小孩。

我和這個計畫的同事，很快就跟班上建立起社群感跟信任感。我在每個班級都會這樣做，但是在男性主導的文化中，這一點更是重要。我們談了很多，包括撕下她們身上的標籤、打破階層期待，以及要她們敞開心胸、全然接納自己。計畫同仁認為，我們的角色就像是提供容器、營造一個神聖空間讓婦女可以找到屬於自己的真誠故事。對我來說，這段經驗是一個試煉，讓我驗證談判在自我發現之旅的重要性。

「我不是騙子」：掩蓋真相的道德盾牌

我有一個課堂活動是，學生必須把一支罕見紅酒賣給另一個人。賣家擁有的情報指出，這支酒若不賠錢最少要賣四百美元，多則可以賣到一千美元。學生迪安娜的開價是四百美元。我問，「妳為什麼把目標價設在四百美元？妳很有理由可以開價八百美元，或甚至更多。」

她說，「但我不是個騙子。」

我贊同，「妳當然不是。我也不是騙子。」

她說，「沒有資料能佐證八百美元是合理價。」

然而，確實**有**資料能為八百美元這個目標價背書，甚至一千美元也可以。過去幾年來，這支紅酒的身價逐步上漲，如果你從已知事實推測它到目前的成長率，其實一千美元是完全合理的預期。但是在我對她指出這一點之前，我進一步追問，「是什麼數據讓妳開價四百美元？妳對那個數字的證據是什麼？因為我可以拿出我的證據。」

迪安娜慌張地說，「如果我開價四百美元，我不會賠錢，而且我也沒有欺騙任何人。」

她對這支紅酒所說的故事（或許還包括她對自己說的故事），讓她賤賣了這支酒。她害怕變成「壞人」。我很少聽到有人直接把談判貼上這個標籤，而我必須承認，當迪安娜說「但我不是個騙子」，我有點被激怒了。我的第一直覺是防衛。我是一個**教**談判的老師，連我都必須提醒自己「我的開價並不誇張」、「我並不是不誠實」。我們許多人都對迪安娜的話有共鳴，原因有一千種，都是微妙的社會因素。因此，把迪安娜的行為道德化，可以當作一面盾牌來掩蓋真相。但是，我們不去爭取自己值得的事物，這等於是一種自我破壞。也許我們不認為我們值得這麼多，而說「我可不是騙子」，遠比承認自己缺乏信心來得容易。

我曾碰過無數人的預設策略就是，選一個他們可以接受的最小數字，並且宣稱已經沒有談判空間。他們會說，「我沒有談到最好的條件，但是我也不用跟人討價還價。這樣讓我覺得自己更有人性，無所謂。」請用一分鐘想想這句話：以這種世界觀去談判，其實就是削減了你的人性。

珍妮佛是個平面設計師，她和其他三個女性一起開業，她們的關係非常緊密。開業第一年，她們不需要為任何重要的事跟對方談判，因為她們都各自有客戶而且獨立工作。後來，有個客戶請她們做一個案子，需要四人一起參與，雖然她們把這個計畫拆解成幾項任務，但是她們沒有在一開始就討論如何拆帳（顯然這是第一個錯誤）。珍妮佛的夥伴蘿拉做了大部分工作，但是珍妮佛也做了不少，比大家最初設想的還要多，因為這個案子後來變得很複雜。款項進帳時，管財務的夥伴說要把九〇%的錢給蘿拉，剩下一〇%由其他三人均分，珍妮佛覺得不公平，而且也說了出來。「天啊，簡直是引起一陣爆炸，所有人都在批評我！」珍妮佛告訴我。「她們說，『這不符合我們的文化』、『我們每個人都無償做了一些事來協助這個公司』。我覺得自己值多少，我就開口要，但是她們卻覺得我貪財。我說某件事不公平，她們就認為我不夠有道德。」珍妮佛在乎她們的意見。「只要一提到錢，我就覺得自己好像壞人。」有一次她又提起錢的事，一個夥伴對她說，「每次一開口妳就要談錢，這讓我覺得有點難信任妳。」

後來好幾年，珍妮佛會避免跟夥伴談判，但是她的感受愈來愈糟糕。她不能提出任何財務問題或是數字不一致的地方，心中的怨氣也隨之增加。「這種情況令我非常苦惱。有好幾天，我徹夜未眠，內心一直試圖調和兩件事：我覺得自己沒有被公平對待，另一方面又覺得我那樣想是貪財又自私。」珍妮佛面臨了多重困境，但是第一步她必須更穩固自我意識，了解到：談錢、為自己發聲**不是壞事**，也不會讓她變成壞人。在她的事業夥伴眼裡是這樣沒錯，但她必須去反芻這一點，這樣才能夠以適當的方式來與她們溝通。我會在第四章詳述「**如何**要求」這個令人不安的議題。

珍妮佛不是唯一有這種掙扎的人。曾經有一個創業者來找我諮詢，她請了團隊同事為她進行三百六十度績效評估，幾乎每個人都說「她很聰明」、「她很親切」，但是幾乎所有女同事的回饋都是，「她必須收斂她的生意態度。她老是在談錢，但那不是我們公司的文化。」然而，沒有一個男同事做出這種評論。她問我，「怎麼回事？女人是不是更為難女人，還是有其他原因？」

答案是，沒錯，有的時候確實是這樣。若某個女性的表現跟被期待的性別角色相反，其他女性會更嚴苛以待。當某個女性看到別的女人做出她自認不能做的行為，即使她可能也想那樣做，但還是會傾向懲罰對方。

為什麼人們會在談判中加入道德觀感，有幾個原因，一部分是因為許多談判者的行為**確實**很壞。我的學生米雪兒曾經是紐約一家大公司的訴訟律師，她在那裡的經驗，更加深了她對強勢談判者的既定印象。她說，「談判有一部分就是展現你有多強悍，要威脅恐嚇、裝腔作勢、盛氣凌人。」她在職場早期得到的訊號是，談判是「嚴肅、攻擊、零和思考、競爭」。然而，如果有力的談判是這個樣子，那麼它的任何一部分，米雪兒都不想要。

米雪兒的對應方式一直都是，試著找出眾人滿意的解決方法，尤其避免蠻橫粗暴。「那時候我的談判風格是講禮貌。」她說，「有一點面子因素在裡面，我不想被別人認為貪心、無理，或是惡質，這是我很在意的。」

後來，米雪兒離開訴訟律師的工作，轉而加入家族經營的珠寶生意。在珠寶界中，她必須拋開以前她告訴自己的談判故事。如果她認為設定高目標等於不夠專業，那麼她不會在珠寶買賣事業裡成功，她必須學習同意自己提出開價，並且要有信心這樣做不會讓她變成壞人。「我現在能比較放心地說，『這些是我的需求，而這是我想要的，但我不會為此道歉。』交易過程中，我還是能保持友善、富有人性。我可以不用當個壞蛋，而我也不必退縮。」

這塊領域真的非常複雜，部分原因是它很細膩微妙。比方說，我們需要深度的自我覺察才會發現，自己在談判時繞著道德打轉。因此，請傾聽你的內在獨白，找出自白的主題。在本書序章我解釋過，我們每天都在談判，所以請開始注意生活中的談判事件。試想，你在跟某個人談判時，是否覺得自己像個傻瓜？為什麼？你在談判時，是否覺得充滿挑戰（我是指正向的挑戰）？為什麼？事實上，你在談判中用、或不用什麼角度看事情，是極度個人的，正如你的談判風格。因此，請開始留意生活事件，找到你自己的談判方式。

你在餵哪隻狼？自我價值的崩壞與重拾

在川普主政第二年，我在華頓商學院教一堂大學部的課，有一件事讓我非常震驚。我已經教談判教了十五年，雖然歲歲年年各異，但是這個班卻截然不同。就跟許多我在大學部教的課一樣，那一班的學生背景，無論是性別、年紀、種族、族群性、宗教、人生經驗等都非常多元。但是，這群學生的談判信心，顯然比我以前教過的班級更低落。

一般來說，我會把第一堂課的重點放在目標設定，以及我們告訴自己的故事，還有為什麼這些故事如此重要，然後下一堂課再接續下去。但是這一班不一樣，當我們進行課堂練習、檢討談判結果，我總得問他們為什麼設定這麼低的目標，然後我們再回到第一堂課我所強調的重點。舉例來說，有個學生說他設定了一個有抱負的目標，但他跟同組同學談判時，卻不想去爭取自己想要的。基本上，他從來不認為自己的開價正確，也許是因為他認為自己的目標太高不可攀。整個學期，這種對話以不同版本不斷出現。這些學生沒有自信，因為他們就是無法改變自己的故事。

退一步來看，我想我知道原因。在我們的社會以及更廣泛的世界，我們看到更加公開而明顯的紛亂不睦，且非常缺乏文明禮節，而這影響了我們每一個人的日常。我們不能小看這些思潮如何一點一滴潛入我們的心理狀態。對於最邊緣且弱勢的群體，這種紛亂不睦可能會進一步內化，成為他們對自己說的故事。

由於班上瀰漫這種風氣，我們**整個學期**大部分時間都在設定有抱負的目標。這個目標是他們可以相信的，因此也就有潛力可以達成。自我肯定，成為一個不斷出現的主題。那年最後一堂課，我告訴學生要記住：「做你自己，你已經夠好了。」班上有一半的人（還有教授我本人）都泫然欲泣。雖然我不敢說，這個班的學生很難設定有抱負的目標，全受政治風氣所致，但是我相信它影響重大。我在華頓商學院經常看到，這些高成就的年輕人，肩上彷彿扛著全世界的重擔。他們的人生故事是，父母為他們付出一切，讓他們有了現下的成就，所以他們必須確保自己飛黃騰達。或者是，同儕的人生都規劃好了，所以他們也不能落後。再加上近年來世界發生的事，更凸顯該課堂出現的問題的重要性，難怪我們師生的情緒會如此高漲。

要釐清的是，人們因為自己的種族或族群性而自慚形穢，這種感受不是近來才出現的，但是現在比我從前所見更嚴重。字句的影響力很大，而且，它會喚起一直醞釀的不安全感。美國非裔社運工作者及作家韋斯．摩爾（Wes Moore）對著名節目主持人歐普拉說，「大家經常聽到一個說法是，我們不屬於某個地方。這是種冒牌者症候群，你就等著某個人來拍拍你的肩膀問，『你在這裡幹麼？』」韋斯回想他過去每一項成就，從授勳的退役軍人到獲得羅德獎學金，他一直不認為自己應該在那個位置。確實，羅德獎學金的設立者可能從來沒想過會發給一個非裔美國人，韋斯也可以持著這套敘事。但是韋斯想到，許多他未曾謀面的人，他們辛苦工作、冒著生命危險，卻仍然保持希望，就因為其自身的**想法**。韋斯必須說的故事是**這個**，「我們不會處在一個自己不適合待的空間，所以我們必須有信心，我們確實有資格待在那個地方，而不是壁紙而已。」[4]

曾經有學生告訴我，「我」提醒了她們該對自己說什麼故事，因為我是一名有色人種女性，而且站在她們的課堂講台上。聽到她們這麼說，我覺得怪怪的，因為我還是會陷入自我懷疑，而且我不確定學生到底怎麼看。但是，我能理解。在我的學生裡，像莎拉是伊朗、墨西哥、猶太混血，她小時候玩的芭比娃娃模樣從來不像她，讀的書和看的電視節目裡的角色也從來不像她。對她來說，看到一個伊朗女人站在權力位置上，對她影響很大。有些學生看到我是有色人種女性，其他人則光因我是女性，就覺得夠振奮人心了。至於我自己，我仰望的女人是歐普拉、前國務卿歐布萊特（Madeleine Albright）、網球名將小威廉絲（Serena Williams）。並不是說我期待自己**變成**她們，而是光是「看到」她們就能啟發我。如果她們都能突破重圍，那假使我們也付出足夠努力，我們也做得到！這讓我更有信心去告訴自己一個更好的故事。如果我想著這個故事夠久，這就相當於在自主鍛鍊「自信肌肉」，一直訓練到這塊肌肉能自然發力。身為一名健身狂，我喜歡這個比喻，因為每個健身方法的要點就是，到後來你不需要很用力感受那些你在鍛鍊的肌肉，而是一鍛鍊你就**正確發力**了。

正向心理學的研究顯示，我們的敘事愈正向，結果就愈好。[5] 但事實上，正向的智慧源遠流長、流傳已久。在印地安契羅基族（Cherokee）的古老傳說中，有個祖父對孫子說，他的身體裡住了兩隻狼，彼此鬥得很厲害。其中一隻狼體內包含了所有的惡，例如嫉妒、驕傲、自我；另一隻狼體內則是所有的善，像是喜悅、慷慨、同理心。祖父說，人的內在也有類似鬥爭。孫子接著問，「哪隻狼會贏呢？」祖父回答，「你去餵養的那隻。」重點在於，你選擇餵哪隻狼、把精力放在哪裡，會深深影響我們的自我價值感，以及與周遭世界談判的能力。

第2章
討好，包裹糖衣的毒藥

經典影集《我們的辦公室》（*The Office*）中，紙業公司的區域銷售經理、可愛的自戀狂麥可．史考特（Michael Scott），開車不小心撞到職員米拉迪絲，她拒絕立刻原諒他，麥可耿耿於懷。他對著鏡頭說，「我需要被人喜愛嗎？當然不需要。我想被人喜愛。我享受被人喜愛。我必須被人喜愛。但是，不是這種強迫式的需要被人喜愛……好像我需要被人讚美似的。」

當然，諷刺之所以引人發噱，主要是因為它以某種形式，擴大了人們內心最深處的想法。的確，每個人都想被人喜愛。但是如果未加留意，這種渴望會讓我們陷入麻煩，因為我們沒有意識到自己正在放棄個人的力量。通常，那些不加質疑而這樣做的人，被稱為**討好者**。

艾蜜莉就是典型的討好者。好幾年前，她和新婚丈夫一起買了第一輛二手車，談判過程非常費時耗力。艾蜜莉的丈夫當時在念法學院，很熱衷於談判，而銷售員史提夫則愈來愈沒耐性，甚至還小題大作地打電話給女朋友說晚餐約會他會遲到。史提夫對艾蜜莉細訴自己的戀愛生活，同時艾蜜莉的丈夫還在殺價，希望能再砍掉一千美元。史提夫嘆了一口氣，準備再打一通電話給女朋友說再延時間，艾蜜莉介入了，她請丈夫不要再講價，因為史提夫的女朋友還在等著他。雖然這件事發生在十五年前，但是艾蜜莉的丈夫至今還是堅持買車時不要艾蜜莉在場，這樣她才不會在談判時向著別人。

討好者不喜歡衝突，而且會不計代價地避免衝突。如果某人倒走辦公室咖啡壺裡最後一些咖啡，後到的討好者會煮一壺新的。照理說，應該是倒走最後一杯的人該煮新的，而不是後面這個人，但是討好者會覺得不要為這種事爭執，他們就是不想處理這種令人頭痛的事。不過，討好者也沒有看到自己去煮咖啡的代價：怨氣。（為什麼總是我在煮咖啡？）事實上，不把自己的要求說出口、逃避談判，就是選擇放棄自己的力量。

我們再來想一想，如果討好者為人父母，她可能不會在工作中表現出這種傾向，但是回到家時，她可能對家庭有罪惡感，因為自己去上班（或是離婚，或是安排孩子去補習……理由太多了，自己選一個！）所以，孩子要求吃第二碗冰淇淋時，討好型父母會答應。她不想要任何衝突，只想寵寵小孩。所以，當孩子乞求是否可以晚睡，她又說好。當孩子跟她回嘴，她不處理。雙方幾乎沒有談判，只有默認。不用多久，這個父母的力量就沒了。

雖然在家庭場域很常見到討好者，但其實到處都能看得到這種人。你可能會以為絕大多數討好者是女性，其實不見得是這樣。例如葛瑞格，他來上我的EMBA的課時，已有十年工作資歷。我在前一章提到的紅酒銷售談判練習中，葛瑞格扮演賣酒商。他的角色是準備要退休了，所以他不一定要跟買家建立關係，只要盡量高價賣出這瓶酒就好。葛瑞格看著資料，決定八百美元是合理的價格，所以他就把目標訂在這裡。回憶一下，我們的底線價格是四百美元，低於這個價格就會賠錢。買家開價兩百五十美元，於是葛瑞格說可以接受五百。雙方同意了，沒幾分鐘就談成協議。

在結案彙報時，葛瑞格看到很多組都能以六百、七百，甚至八百美元售出該瓶酒。我問他為什麼這麼快放棄八百美元的目標，他說，「若賣這個價格，我就很難跟人保持關係。」學期進行到這個時候，同學們彼此都比較熟了。葛瑞格是個很討人喜歡的男生，在同學之間人緣很好，像這樣的人很快就會在班級中有個形象：每個人都期待葛瑞格是好人，所以他就當好人。他說跟他同組的買家既是同學也是朋友，「買家開價這麼低，我想她不可能會付我的目標價格。」我們在彙報中更進一步討論時，他解釋說，他想盡量縮小他的目標和買家開價之間的差距，避免討價還價，「我不想讓別人覺得我無理。」

當然，我也認同關係很重要。但是葛瑞格放棄了自己的力量（也就是他手上這件稀有資產的顧客感知價值），而其實他可以既與人保持和諧的關係，**同時**以更高的價格賣出紅酒。從這個紅酒買賣的談判練習中，我幾乎每一次都能看出班上有哪些人是討好者。因為討好者總是很快就賣出紅酒，而且賣的價格比較低。

這是許多原因造成的結果。首先，即使有資料佐證，他們仍無法牢記這支紅酒的真正價值，這種情形我在第一章說過。葛瑞格很清楚這支紅酒是稀有的年分紅酒，他知道其他賣家在去年以六、七百美元賣出同樣年分的紅酒，他也知道這種紅酒的價格會逐年增加，因此他最初設定的價格是八百美元。但是，他沒有對談判夥伴說明這些細節。他並沒有內化這些細節，更沒有認清自己擁有一件相當好的資產。

其次，討好者想要談成交易，確保每個人都滿意。以葛瑞格來說，他不只喜歡這位同學，也希望對方繼續喜愛他。但我猜想，他也覺得需要討好**我**這個老師。因為前兩次課堂練習他都沒有談成交易，所以這次他想談出成果給我看。

本章我會談論討好者的許多面向。討好者可能是廚師、企業執行長、專業運動員，事實上，沒有一個刻板形象符合這個角色。討好者也可能個性魯莽或性格冷靜，也可能會冷漠高傲到，你完全看不出這個人是討好者。但是，他們確實是不折不扣的討好者。大部分人絕不會猜到我是個討好者。我給人的印象是有點難親近，至少一開始是這樣。不過，雖然我沒有小孩，但是我的母性本能很強烈，我想是因為我出身於伊朗家庭。伊朗人非常殷勤好客，我們頌讚的價值是「你的舒適就是我的安心」。我總是希望把事情做到讓別人滿意，雖然我們的出發點並不是渴望被人喜歡，而是希望萬事萬物和諧均衡，周遭每個人都開心。

即使你不是個討好者，你也必須了解這種心態，因為很可能你身邊的人就是討好者，也許是另一半、女兒、同事，或是你最好的朋友。所以，發現你身邊的討好者不敢說出自己的請求，是很重要的。接下來我會解釋，不敢說**不**，或害怕聽到別人說**不**，跟渴望被人喜愛有關；而面對沉默會不舒服，正好讓你落入放棄自身力量的圈套。我會談到討好心態崩裂的代價，也就是怨氣。我也會討論討好者發現無法取悅每一個人時，他們會如何面對這種情況。

被開除的女強人：討好的反噬

有一天我上完給創業者的課之後，注意到一個學生麗茲徘徊不去。我刻意慢慢收拾背包，等到只剩我們兩人在教室裡，她開口問是否能談一談。麗茲在各方面都表現得很好，她在一家大公司擔任高階主管多年，後來決定自己創業，公司經營得很不錯。麗茲在班上的名聲是非常聰明、自信、堅韌且公平。不過當時她看起來有點茫然，我建議出去喝杯咖啡，聊一聊她在想什麼。

我們在附近一家咖啡館坐定。她說，「今天這堂課對我來說，後座力有點強。」我回想一下那天上課內容，我們在課堂上談到許多人放棄自己的力量是為了要取悅別人，大家討論相當熱烈。但是麗茲沒怎麼發言，可以說是不尋常的安靜。

「表面上我看起來一切都很好。」她說，「我想我現在也是這樣。但是其實，我沒有真正去面對過去的一些事情。今天的課，讓我重新想起那些事。」

她解釋，創業之前她在某家公司任職，她一直不覺得自己值得那份工作。「我經常想著，為什麼我會在這裡？這個工作對我來說太困難了，他們遲早會看破我。我對自己非常嚴苛，而且一直覺得我必須瘋狂工作。我患了很嚴重的冒牌者症候群。」

她在那家公司的老闆非常支持她，並會想辦法賦權給她，老闆不停勉勵麗茲「妳可以的」。麗茲對我說，「剛開始我跟他處得非常好。我們站在同一陣線、一起對抗世界，並因為有共同目標而建立起革命情感。我們花很多時間相處，也成為好朋友。在工作上我愈來愈有自信。但是漸漸地，我開始注意到我不喜歡老闆的某些行為。比方說，我不喜歡他談論別人的方式，也不喜歡他跟別人共事時所運用的策略，我覺得那是在操控別人。此外，因為他跟我很熟，所以他會對我的外表說一些不適當的話。我沒有戳破他的行為，但是我開始跟他保持距離。我一如既往地做好分內工作，但是我會避免花太多時間跟他相處。」

麗茲的老闆注意到了。某次工作活動結束時，麗茲接受另一個同事邀約，搭對方便車回家，老闆很不高興。他說，「如果妳跟他一起走，那看起來是什麼樣子，難道妳不知道嗎？」麗茲對我強調，老闆這句話沒什麼道理，因為另一個選項是他送她回家，如果是擔心公眾觀感，那看起來也是一樣不好，所以麗茲不理會老闆的關切。「很快我就注意到，我沒有被邀請去開某些會議。剛開始我覺得無所謂，因為我相信老闆的用意。而且我也很忙，所以沒參加一、兩場會議我覺得沒關係。但是後來我愈來愈感到不安。」

麗茲沒有告訴其他同事她的憂慮。「我希望一切妥適美好。我希望每一個人（即使是保持距離的老闆）都好好的。而且我想我也是希望保護他。所以我不理會自己的直覺，而是更加努力工作，相信一切都會很好。我的工作成果非常優異。」

不久之後，老闆帶她去吃晚餐並對她說，「麗茲，妳好像不再喜歡妳的工作了。我們以前經常在一起，但是妳現在似乎沒有時間跟我相處。我們不再像從前那樣溝通了。」

麗茲自然會想，這跟我喜不喜歡我的工作有什麼關聯。不過，她沒有說出來，反倒是說，「不會啊，我喜歡我正在做的事。我喜歡這個工作。」

隔週，她進老闆辦公室做例行的績效檢視。老闆關上門說，「不能再這樣下去了。」

故事說到這裡，麗茲的聲音變輕了，我能感覺到她忍住淚水。「我聽到那句話，可以說是大吃一驚。我達成工作目標，而且不管用什麼角度來看，我的表現都在水準之上。公司總裁最近一次跟我開會時還特地讚美我。而且，我帶的團隊有效率又有產能，成員每個人都非常勤奮。我不知道到底發生了什麼事，或者說，在那個時候，為什麼他會那樣講？我在發抖。我走出那棟大樓，連跟我的團隊道別都沒有。後來我幾乎是立刻跟自己生氣：為什麼我之前沒有認真看待那些警示？為什麼我沒有在意老闆在那頓晚餐所說的話？但很明顯地，當時我沒有被公平看待。」

麗茲後來知道，她的老闆不久後也離開公司了，原因她到現在都不太明白。但是，那並沒有改變任何已經發生的事，她在那家公司的事業已經結束。她說，「離職之後幾個月甚至好幾年，我一想起那個工作，還有我離開的方式，就心頭糾結。我沮喪到不行。這件事我只跟少數幾個人說過，但是今天的課又讓我回想起這件事。」

我握一握她的手，我們安靜地坐了好一會兒。我不認為她需要我說些什麼，而只是需要有人聆聽。我珍惜這個靜下來反省的時刻，也讓我能在聽完她所說的內容之後，梳理一下自己的情緒。我很難相信，這個自信能幹的女人竟然會在工作上自我懷疑，放棄自己的力量。我沒辦法改寫那個故事，當然她也沒有要我這樣做。不過，麗茲所經歷的事，也不斷發生在其他女性身上。無論任何事，女性總是希望讓每一個人都滿意，而不是讓**自己**滿意。而且，彷彿出自本能般，女性放棄自己所有的力量而不自知。我能對麗茲說的就是，我很遺憾發生過那件事。但接著我說，她能有把握的是，不要讓它再度發生。

錯過談判時機的討好者

紐約人詹姆斯是一家公司的創辦人，他從事業務，看起來很強悍。像他這樣的人，你不會想到他也渴望被人喜愛。不過，人是複雜的，想要被別人喜愛的渴望其實相當普遍，甚至會顛覆一般的刻板印象。（我也不可能猜得到，詹姆斯在工作之外的另一個身分，竟然是神職人員！）去年他為一家位於紐約麥迪遜廣場的網路公司進行一個很大的專案，需要在很短時間內做出來。他說，「我試著盤算好每一件事，但是在這個案子中，我知道可能沒辦法在客戶要求的時限內做完。」然而，詹姆斯想取悅客戶，對於客戶提出的時間表，他沒有表達擔憂，也沒有說不行。進度確實開始落後了，「有許多因素不是我能掌控的。」詹姆斯說道，「比方說，我受制於其他供應商，還有紐約市政府。而當客戶打電話來問，『怎麼回事？什麼時候會調整？』我一直說，『沒問題的，我們會搞定。』但是我其實沒辦法完全掌控。我卡住了。」

最後，計畫還是完成了，不過晚了好幾天。客戶並不在意延遲，而且對結果很滿意。但是整個考驗過程對詹姆斯來說，壓力爆表。「我只想解決它，讓每個人都開心，這樣我就能趕快解脫。如果再重來一次，我可能一開始就會對客戶開門見山。我會說，『我可以做。這是有可能做得到的。但是，要注意有些事情我無法控制，所以可能達不到目標。』我希望自己更有自信，能在一開始就跟他們明說，而不是覺得我不想讓他們失望。」

你可以注意到，就像麗茲很快離開她熱愛的公司一樣，取悅別人幾乎是種本能反應。然而，你要清楚知道你其實是在談判的情境中。有時候，由於我們太習慣隨和以對，導致我們壓根沒有想到，自己有機會找到行得通的方式來解決問題。換句話說，討好者可能會完全錯失談判時機。

迪倫是我以前的學生，他沒有意識到自己這種「隨和」的傾向，直到有一次做課堂練習，他扮演的是被某個新創公司錄取的人，任務是要跟那家公司的人資主管談職位條件。迪倫說，「一開始談判時，我覺得自己好像還在接受面試。我從來沒見過對方，但是我還是會想，我不能讓他們覺得我不想要這個職位。現在不是談判的場合。」換句話說，在他心裡，談判就是不好的。我們在結案彙報的時候說，這個課堂活動不是面試，而是談判，他已經被錄取了。這個公司已經表示想雇用他，而他也想要在那裡工作，雙方立場是一樣的。迪倫說，「記住這一點，能讓我們更好地駕馭情緒。你必須提醒自己，你看待他們，完全就跟他們看待你一樣。」換句話說，沒錯，你喜歡他們，但是**他們也喜歡你！**爭取更多，並不會改變這一點。而且，要是再多錯過幾次這種談判時機，那麼那些懂得開口要求的人，跟那些沒有意識到可以要求的人，薪資差異就會愈來愈大。

前NFL明星球員、前大學足球教練哈迪．尼克森（Hardy Nickerson）記得自己第一次被坦帕灣海盜隊（Tampa Bay Buccaneers）聘用為教練的情形。在那之前他一直都是球員，有經紀人幫他處理這些事情，他從來不需要自己談判。另一方面，他真的非常想要那份工作。當他聽到海盜隊開給他的薪水，他心中冒出的第一個念頭是，「好，我猜這就是我的薪水了。」但是隨後他想起在我的談判課上學到的內容，他知道自己最初的想法過於本能，是基於「隨和從眾」的渴望。「我突然想到，『等等，不對吧，這就是談判啊！』所以我跟他們說，『如果你們付我多少多少呢？』」倘若我們**不**隨和，我們就會停下來想一想，如果怎樣會如何。

雖然無論男女都能複製哈迪的經驗，但是仍然不能忽視性別造成的差異。比方說，有一個非常令人震驚的相關研究是，研究人員告知受試者，他們會在受試者玩文字遊戲時從旁觀察，之後受試者會拿到介於三美元到十美元之間的薪酬。玩完遊戲之後，實驗主持人說，「這裡是三美元。三美元可以嗎？」結果，會要求更多錢的男性受試者與女性受試者的比例是**九比一**。[1]

有一種性格特質叫做「社會性依賴」（sociotropy），常見於女性。社會性依賴人格者非常在乎人際關係及是否被他人接受，而且對周遭的人過度照顧，甚至對陌生人也是如此。研究發現，社會性依賴人格者跟別人在一起的時候，吃得比較多，而且主要是吃高熱量食物，因為他們希望讓周遭的人覺得愉悅而不是罪惡。[2]

我有一個朋友是社會性依賴人格，她最近去法國旅行，而她的取悅傾向就在那裡顯露無遺。法國人普遍來說並不是特別歡迎外人，甚至可能會認為美國人的友善是一種虛偽。我朋友雖然知道這一點，但是她還是很在意法國人不認同她的舉止言談，所以她一直都覺得侷促不安。有一天傍晚她在餐廳吃飯要結帳時，服務生拿著刷卡機來到桌邊問她要給多少小費，是一〇%、一五%還是二〇%？我朋友明明知道在法國給小費並不是常態，如果手邊剛好有一、兩歐元當小費就夠了。但是她骨子裡就是一個討好者，她不想讓人失望或是覺得尷尬，即使對方是根本沒有機會再見到的陌生人。結果，服務生拿到了豐厚的小費，遠比該拿到的還要多。

茱莉亞是名管理顧問，她跟詹姆斯一樣，每當客戶要求什麼，她就只想著答應，只為了讓對方開心。顧問業的利害關係重大，客戶會付很多錢給茱莉亞所提供的服務，相對地，客戶也會期待更多。茱莉亞說，「做這行一定會有些時刻，你處在一種資訊超載的情況。在這種時候，你會因衝動而錯過堅守立場的機會。我可能會跟團隊在一個會議室裡聽客戶打電話來說，『我們需要這種服務，但你的服務目前並沒有達到目標。』」事實上，這個時刻就是一個談判情境。當下你可能不會想到，畢竟它微妙到看不太出來，但它確實是種談判。茱莉亞說，「當客戶要求一件事，你的回應可能會影響接下來你必須做什麼工作……有時候，資訊過量，讓你沒有辦法當機立斷。」在這種情境中，討好者的本能就是答應任何事，只要客戶開心，或是**稍微開心一點**。陷阱就這樣布置好了。即使討好者不確定她能提供對方要求的事物，但她還是答應對方。然後，為了再次討好對方而戕害自己。

茱莉亞可以說「讓我考慮一下再回覆你」，或是，如果她能釐清她對客戶要求的疑慮，她可以說「這些是我顧慮的地方，我在想……」她可以坦白說自己沒有把握可以做到對方所要求的，「我會告訴他們，我擔心我的團隊時間有限。我會透露一些訊息給對方，解釋團隊有哪些第一要務，然後跟客戶討論他認為有什麼事情應該首要處理。人是可以通情達理的，而且願意接受交換條件。」比起煎熬恐懼自己是否能做到，把取悅討好的渴望放下，說出你的擔憂，這樣會好很多。

時間管理教練伊莉莎白．葛麗絲．桑德斯（Elizabeth Grace Saunders）寫道，我們在設定界線時有一個大問題是，我們對於如何定義自己的角色，有著不切實際的期待。比方說，假設你是一個經理，由於你覺得好的經理應該讓人隨時找得到，因此除非開會時間，不然你一直都是敞開辦公室的門。但問題是，這樣導致你在上班時間無法處理那些需要安靜專注的工作，只好把工作帶回家裡。桑德斯認為，解決方法是重新定義什麼是好的經理。[3]當然，好的經理不應該難以取得聯繫，但是他也會以身作則、體現聚焦優先事項的重要性。桑德斯說這種不關上門的經理，「嚴格規定了某個角色應該做什麼、不應該做什麼，但是事實上，這些規則是可以談的。」

對於不敢說**不**的討好者，有幾件事最好能記在心裡。首先，小心理所當然的直覺。如果你是活力充沛而且「萬事都能搞定」的人，很容易不懂得拒絕而錯過談判機會。其次，要記得，對某件事情說好，可能代表對另一件事情說不。比方說，對要求很多的客戶說好，意味著你會承受更多壓力、睡眠不足；同意給法國餐廳服務生一筆不少的小費，代表你沒有預算帶孩子去吃特別的飯後甜點。然而，總有時候你需要退讓，例如攸關重大的自我健康照護事宜。所以，知道什麼該給、什麼不該給，可以幫助你更有策略，清楚該承諾什麼。再來，確認你答應的理由，是否牽涉到你對個人角色有不切實際的認定。不要盲目接受這個定義，要質疑它。這件事做起來比看起來難，因為通常光是工作上的事就足以讓我們過度承諾。

取悅別人的隱性危險

女性特別會去討好別人，但是你可能會驚訝的是，我也在足球員身上看過這種情況。像NFL的球員以及許多職業運動員，常常會出現一種情況是，親朋好友在金錢上倚賴他們。這樣一來，運動員會覺得自己不可以說「不」，因為這樣顯得不知感恩、貪婪，或是背棄了在他們還未成名時支持他們的親朋好友。所以這些運動員會說好、好、好，說到後來，心中產生怨氣。

一九八七年，哈迪．尼克森被匹茲堡鋼鐵人隊（Pittsburgh Steelers）在第五輪選秀挑中，報紙報導他的身價是二十五萬美元（以今天的標準看來，這個數字對第五輪選秀球員來說低得好笑）。他的家人覺得抱到搖錢樹了，可以不必再工作，哈迪能幫他們付清車貸以及其他開銷。但是，沒有人真的仔細算過，哈迪拿到的是好幾年的合約，所以每年稅前薪水是七萬五千美元。不過他說，這仍是一筆很豐厚的薪水，只要能力許可他就幫忙。後來他自己有了小孩，狀況就不一樣了，他必須養家活口。「跟人說『不』很困難。」他說，「你會想，『我以前還沒成名時，他們一直在我身邊。』這讓事情變得更棘手了。但是我必須跟媽媽說不，也必須跟爸爸說不。」他說這引發許多怨氣，但是現在他比較能好好看待這件事。後來，他改當教練，為高中、大學、NFL栽培了幾十個年輕球員。「我試著告訴他們，尤其是家族裡第一代出人頭地的，我說，你可以幫助家人，但是你必須了解你的位置，以及你可以幫到什麼程度。你必須問，這個幫助是不是會沒完沒了，還是你能幫助他們成長，或有助於他們有所產出？」他說，否則到最後，球員可能會覺得自己像一台人形提款機。

雖然，許多運動明星幫助這些成名前一直支持他們的人時，最初感覺很好，但是到後來很快就會有怨氣。他們會想著：「為什麼每個人都認為我有拿不完的資源？」「我覺得他們利用這種情況占我便宜。」（不過，運動員能理解到這一點倒是正面的。有些人從來沒有理解到，結果演變成財務出問題。）球員最後會從這些關係裡抽身，而不是挺身面對讓他們不舒服的事。當我問他們為什麼這些人際關係變質，他們會指向外界，「某某某在利用我。」這時我會反問，「你有拒絕過嗎？你有設定界線嗎？」畢竟，如果我們不說，其他人不會知道我們需要什麼。這同樣適用於，誰去煮咖啡補滿咖啡壺、被老闆欺負，或是一直被人要錢的情況。

我把這些運動員的經驗稱為「親朋好友症候群」，而這在服務業創業者身上也經常看到。比方說，咖啡店老闆給每個認識的人折扣；平面設計師被親朋好友要求幫忙設計網站或是名片，而且從來沒說不。這些創業者不想破壞與這些請求者的關係。但是，如果他們沒有說不、沒有劃下界線，還是會傷害這段關係，因為他們正在用怨氣這把鎚子，一點一滴地打掉這段關係。他們不知道自己可以說「不」而且又保有這段關係。

當你設下界線，你就是把焦點放在自己以及個人需求上，但是這並不表示你沒有照顧別人的需求。平面設計師可以對表姊說，「我很樂意幫妳女兒學校義賣會設計logo，因為妳是我的家人，當然我也想支持這個善行義舉，只要是有意義的活動我都會想要幫忙。但是，如果我那樣做，我會沒有時間做有收入的工作，也會沒有辦法維持公司營運。」解釋的說詞會視情況而調整，畢竟不同的關係有不同的界線。但唯一一條明確的守則就是：要知道你願意為別人付出什麼，而不會讓你自己處在不利的位置上，或是讓你心生怨氣。請想想，你能負擔到什麼程度？你的預算是什麼？你會多常做這些事？相較於永不停止的請求，是否有特定範疇是你能力許可就一定會去做的？例如，我建議NFL球員對親朋好友說，「只要我能力許可，我可以幫忙教育費用或醫療支出，但是我能做的就是這兩項。」

在職場上，要設定界線也並非易事。就以從不關門的經理來說，我們在那種跟自己談判的情境中，常常拿石頭砸自己的腳而不自知。例如大學經濟學教授雪柔，她是數字型的人，擅長的是預測成效及勞工經濟學。她非常能幹，是受到看重的將才，她自己也知道，所以大約一年前她跟大學談成了一筆不錯的加薪。幾個月之後，她被要求領導系上的行政團隊，這是一份為期兩年的工作，需要花更多時間但沒有額外津貼。雪柔認為自己應該做，畢竟她才剛升職，她希望大家認為她能夠團隊合作。接著另一個教授要請一年休假，央求雪柔代課，對方說只要雪柔教五堂課就好，而且下一年會回報她。雪柔同意了，原因仍然是她希望別人認為她能夠團隊合作，而且她知道因為自己加薪，她比部門內其他人得到更多好處。結果後來雪柔發現，需要幫同事代的課是十堂而不是五堂，而且必須延長在校時間，同時要為更多學生打分數。

雪柔覺得自己陷入瓶頸。她吞下想要重新談判的念頭，錯過了談判時機。即使她已經拿到終身教職、工作有保障，她還是覺得必須取悅經濟系的領導人，並且迎合這個要請假的教授。現在她深感挫折，遷怒系上其他人。她覺得自己過勞而且沒有被賞識珍惜。她的丈夫也不高興，因為她幾乎每天都有課而不能回家，加重他照顧孩子的負擔。雪柔在談加薪這件事上做得很好，她知道自己的價值，而且她告訴自己的是正確的故事。但是接下來，她的討好者本性出現了，使她失去了大部分先前所獲得的好處。

雪柔這種怨懟的代價不容小覷。她把自己放在最後，認為這樣做是高貴的，或者說是正確的。我經常看到創業者落入這種陷阱，他們看不到自己究竟犧牲了什麼。在某些案例中，這會導致過勞、離婚、家人反目成仇，或是導致你離開自己所愛的工作。討好者不太能想得到這些代價，以為自己可以處理得來。這就是取悅別人這個習慣的危險之處。諷刺的是，一開始討好者就是想避免生事才答應別人的。

雖然上述都是職場案例，但其實人際相處的例子也是隨處可見。我的朋友瑪莉亞生了第二胎之後比以前更容易感覺疲累，當丈夫要求外出跟朋友聚會或去露營，要她一個人帶兩個孩子，瑪莉亞總是自動說好。她希望丈夫開心，因此每次他開口詢問，她總是說「去啊」。但是她發現，每當丈夫回家之後，自己愈來愈覺得不甘心。丈夫出門，不是他的錯，畢竟是她讓他去的。但是，她答應得太過理所當然。後來她漸漸學到，丈夫要求時，不要馬上回應。她還是想說好（而且通常她還是會答應），但是她知道自己需要花一點時間考慮是否真的有精力一個人帶孩子。她會問自己，「如果我答應他，他回來之後，我是否會對他不滿？」如果答案是肯定的，那麼他們就要一起想想別的辦法，例如是要請一個保姆，或是確定自己那一天也能有一段個人時間。

由於我們在乎別人，因此可能會覺得拒絕別人會傷害對方，畢竟我們不希望對方覺得被藐視或是被否定。而且，在瑪莉亞的案例中，她可能也想扮演好自己設定的角色——一個包容又好相處的妻子。但是，如果只憑直覺而過度承諾，導致怨氣逐漸累積，那也不可能做好這種角色。

從「不」學習溝通關鍵

討好者不敢說「不」，而且也害怕**聽到**它。這種恐懼在我們的心裡占據太多空間，所以我們完全不想聽到「不」這個字。我們沒有去要求我們應該要求的，而且每次雙方沉默時，我們害怕沉默會引發負面回應，所以會很快去填補沉默。想一想，有多少次我們向人請求某件事時，會在對話或郵件結尾說，「如果你不方便，我可以理解」，或是「這當然是可以商量的」。為什麼？為什麼我們那麼快就給對方一個台階下？因為我們已經告訴自己，對方會說不，但我們很害怕聽到那個字，所以有個緩衝空間就比較不可怕。

如果你發現，我們有多常下意識地做出這件事，你會嚇一大跳。有個朋友告訴我，她不知道自己有這種傾向，直到有一次她指導女兒撰寫「請求」募款信，並要女兒在結尾寫上「如果不方便，我完全能理解」。換句話說，我們在教她勇氣之前，就先教她退縮。

有一個接案工作的資訊技術專員傑森．康利（Jason Comely），他發現自己害怕聽到「不」，而且會因此退縮，於是他設計了一個遊戲。他下定決心，自己得習慣聽到「不」，所以他打算每一天都被人拒絕。比方說，他會去問陌生人，請求某件他認為很有可能被婉拒的事情，像是拜託對方載他從城市一端到另一端，或是還沒買東西就要求商家打折。這種「去敏訓練」讓他能力大增，他甚至還設計了一套桌遊，叫做「拒絕療法」（Rejection Therapy）。傑森在美國公共廣播電台（NPR）節目上描述自己刻意被拒絕的經驗，「之後你會覺得很棒，你會覺得，『哇，我不服從恐懼耶！』」[4]

我真的很喜歡那個遊戲的構想，雖然並不是每個人都能瘋狂地沉浸在被拒絕的情境裡。像我怕蛇怕得要死，要我身旁都是這種恐怖生物，來克服對蛇的恐懼，是不會有用的，只要想到那個畫面就足以讓我心臟病發。不過，去敏訓練對付恐懼是否有效，並不是要點。重要的是，「**不**」這個字非常令人害怕並且讓許多人卻步，因此他們要用某種方式來降低這個字對他們的威力。

我花了相當多時間跟學生談害怕聽到「不」的心理，但是我的做法不是「去敏」，而是調整我們看待整個互動的態度。換言之，不要把「不」當成拒絕，而是視之為深刻對話中的一項情報。比方說，你能從「不」當中得到什麼訊息？它能引領你到什麼地方？

無可否認的是，有些「不」就是很糟。例如，你申請補助金或是應徵工作，卻收到一封拒絕信，你會很想轉頭、不願面對自己被打回票，因為那很痛苦。但是我的訓練方式是，召喚你的信心，挺身面對拒絕。你可以想，「不」仍然是一項資訊。如果對方願意告知，你可以試著去探究自己為什麼會被拒絕，這樣下次就能做得更好。我知道這令人不適，但是我要引用冰上曲棍球名將韋恩．格雷茲基（Wayne Gretzky）的話，「如果不去打那個球，你就百分之百會失掉那個球。」

這跟電話行銷人員的做法不一樣。電話行銷人員不會接受對方拒絕，但他們也不會繼續發展對話、不會問問題，更不會讓你掛掉電話，他們通常有一套腳本。結果就是，我們會覺得自己沒有被聆聽，而這足以搞瘋多數人。所以，我建議的方法非常不同，而該方法的重點在於：保持好奇，而且不要害怕繼續對話。

創業者要取得資金和客戶，常會聽到一連串的「不」，所以他們通常會有自己的「拒絕療法」。他們必須從「不」裡學習，否則永遠不會起步。以瑟貝斯欽．傑克森（Sebastian Jackson）為例，他想要在韋恩州立大學（Wayne State University）裡開設理髮店，但在被拒絕三次之後，大學才同意。他說，「起初被拒絕很難受，因為我的確把它當作拒絕。但是有人鼓勵我，要找出對方否決的原因。對我來說，那是靈光乍現的時刻。」他要求跟大學主管職員見面，以得知**為什麼**被拒絕，但這個見面請求也被拒絕了。所以他找到韋恩州立大學的內部同仁，那個人了解大學怎麼做商業決定。對方說，瑟貝斯欽不是因為商業模式被拒絕，而是因為個人因素。由於瑟貝斯欽的前一個校園理髮店生意失敗了，所以，瑟貝斯欽有什麼理由認為自己再開一家理髮店會成功？對這個問題，決策者不認為瑟貝斯欽能答得出來。

瑟貝斯欽著手解決這個問題。他找人寫推薦信，以肯定他能夠撐起這家店，然後把推薦信提交給大學，再詢問一次。但大學還是否決了，因為瑟貝斯欽的商業模式並不穩固。所以他回去重新規劃，把自己的商業模式交代清楚。第三次大學還是拒絕，並指出他沒有足夠的資金來執行他想做的事。不過瑟貝斯欽仍然沒有放棄。雖然他可能資金不足，但是他確實有錢能付租金，租下一個大學正在賠錢的空間，因為根本沒人來租。最後，大學總算放低姿態。在這個案例中，瑟貝斯欽把那些

「拒絕」當成可運用的資訊，並且展現出堅忍不拔的精神以達到成功。（附帶一提，瑟貝斯欽的理髮店「社交俱樂部」〔The Social Club〕經營得非常成功。不只是剪頭髮，「社交俱樂部」還是底特律人凝聚感情、形塑社群文化的社交空間，本書後面我會再談到它。）

不管你相不相信，當你開始把「不」當作談話中的一項情報，那麼對方立刻答應你時，你就不會覺得這麼心滿意足了。因為被拒絕，讓你有機會更深入探索一段對話，並且能更了解對方。事實上，相較於糟糕的同意，善意的否定能讓你得到更多資訊，也更有價值。

不害怕沉默的練習

哲學家培根（Francis Bacon）說：「沉默是培養智慧的睡眠。」討好者應該注意這句話，因為討好者傾向不讓應該沉澱的事物沉澱一下、不給它喘息空間。我的學生詹姆斯說，「我討厭沉默。我覺得那種苦惱刺戳著我，好似我必須填補空檔，因為那令人不舒服。如果我提了一個價錢而讓對方畏縮，以前我的反應是會想辦法讓他們覺得好過些。」不過，當你太快介入，你就沒有給自己足夠的時間去考慮該如何回應，也沒有給你的對手時間沉澱。當然，沉默以對，需要很大的自信，尤其是對創業者來說，因為創業者基本上就是在銷售。創業者最常對自己說一個充滿懷疑的故事：「糟糕，是不是開價太高了？糟糕，我會不會沒談成這筆交易？」

詹姆斯說，「有時候，很多事只能順其發展，無法馬上就解決。有時候，對方需要時間來處理。而且事實上，試圖提出解決方法，想要立刻解決問題，並不一定總是能解決問題。」詹姆斯以前很難在工作上做到這一點，而且他必須深入挖掘才能了解，為什麼他會覺得這件事很困難。「這是我個人的問題。每當某件事懸而未決，我會很難受，很難去處理下一件事情。我得要馬上解決手上這件事，否則我覺得客戶會生氣，或是對我失望。」

詹姆斯設定了一個目標，他希望自己能在沉默時感到舒坦。他很積極練習這一點，就像他努力練習不要立刻跳下去「解決」某件事。「不管我在什麼工作情境下，不要匆匆回應的結果反而比較好……也許不用偷工減料，而是不要砸重本。我不必削減支出，也能給客戶更漂亮的價格或更好的定價方式。我發現這對我的工作非常有幫助。」

知道在沉默時感到舒坦很重要是一回事，但是不是**真的**能感到舒坦，又是另一回事。像詹姆斯這樣練習確實有幫助，但是，對自己提出的要求感到有信心也很重要。無論你的提案是什麼，如果你知道自己的立場穩固堅實，那麼你就能更輕鬆自在地面對沉默，而不是因為自己提出要求而急著找台階下。

我發現自己在跟對手面對面談判時，我能自在面對沉默。在沉默以對時，我還有許多情報可以拾取，包括對方的姿勢、傾斜的頭部、臉上表情的細微之處。然而，隨著空間距離增加，沉默反而令我不舒服。比方說，用電話交談卻沉默時，我就表現得較不好。不過，我會試著不要聚焦在那令人窒息的靜默，而是找事情來殺時間，例如送出電子郵件或是瀏覽收件匣。但最令我不舒服、且最感疏遠的，是對方不回電子郵件。例如，如果我將提案以及收費，電郵給一個潛在客戶，卻沒有馬上收到回覆，我會有點驚慌失措。這個時候我內心的故事工廠就開始轟隆隆運作了，我會想，他們一定被我的高收費嚇到了；我會開始害怕我是個冒牌者，並覺得一定是自己開價過高；我會侷促不安、自我懷疑，通常這時候的我非常難以自處。不過，我絕對不會回信說：「我還沒有收到你的回覆。只是想來關心一下。我想確認你知道我的報價完全有商量空間。」與此相反，我會去找一個很了解我的朋友，他非常熟悉這種石沉大海的郵件會危及我的自信。而他會告訴我，我反應過度了，他向我保證我的開價是合理的。最重要的是，他會提醒我，我的成功以及我對那個組織的價值。他帶我找回充滿自信及權威的自己。正因為友人的提醒，讓我能保持耐心、理智，並安適於沉默中。我靜靜等候著，也對整個過程感到安心。

並不是每個人都有位適合這個任務的朋友，也並不是每個人都像我這樣，面對石沉大海的電子郵件就慌了手腳。因此，要提供單純的指引對策並不容易，畢竟問題因人而異。你必須找出自己的弱點在哪裡，是寫郵件、面對面接觸，還是講電話，然後找出方法栓好你內在的自我懷疑者。

立下界線，力挺自己

現在我長大成人，我能想像父母當初離開故鄉伊朗的心情。當時的他們離開家人，在異鄉用新的語言和文化，從頭開始。那絕對非常可怕、孤單且格格不入，但是，他們的動力跟許多移民一樣：希望能給下一代更好的未來。

我在麻州及新澤西州長大。成長過程中，我不是真的了解這件事，或許我是不想去了解。我所知道的是，我是兩個不同的人。在家裡我是莫瓦麗德，守本分又乖巧。我說波斯語（Farsi），深深著迷於體育及運動賽事的熱情活力，但是家人不鼓勵我們參加體育活動，而是必須遵從父母的期望去讀書。

走出家門後，我就是莫麗，說英語，能隨心所欲地做想做的事、穿喜歡的衣服。我會在進入校園之後才化妝，並不是因為我認為媽媽會不准我化妝，而是因為在家裡我就**覺得**化妝是不對的。我在成長過程中，也會參加派對、約會，就跟每一個美國孩子一樣。我過著雙面人生，但是那不表示反叛。我從來不做讓父母難堪的事，事實上，我經常在他們面前隱藏自己同化的跡象，因為我知道那會讓他們失望。我不想讓任何人覺得痛苦。

我離家上大學時，我父親希望我學醫。為了讓他高興，我修讀醫學相關的課程，但是我從來沒喜歡過這條路。我不斷力爭上游，希望能在我一點也不感興趣的課程中獲得優異成績。其實我想要學的是歷史、經濟學、政治學，而不是生物、有機化學、物理等醫學必修科目。我活在父母的夢想中，而不是我自己的夢想。等到我有勇氣告訴父親我內心的衝突，也就是我不想學醫，父女之間有好幾個月沒有說過一句話。我去考了醫學院入學考試，考完之後我不再走這條路。我覺得自己違抗了父母，他們冒著危險離開故國，就為了讓我有更好的機會。即使到現在，我還是會想自己是否讓父母失望了，因為我沒有實現他們加諸在我身上的夢想。但是，我不能一面想取悅別人，一面又害怕永遠找不到自我滿足感，我不能再過這種人生。

我母親有她的恐懼，尤其是針對我的個人生活。我二十幾歲之後她開始擔心我帶回家的不是品行良好的伊朗男孩。她不時催促我結婚生子。在她不知情的狀況下，我**確實**跟男生約會，甚至跟其中一、兩個認真交往。但是我沒有讓這些關係發展下去。如果某個男生不是伊朗人，我知道跟他交往會有與家人失和的風險。若要我冒這種風險，那麼這個男人一定要非常完美才行。如果你看過電影《愛情昏迷中》（*The Big Sick*），你就知道我在說什麼。喜劇演員庫梅爾．南賈尼（Kumail Nanjiani）表面上順從巴基斯坦父母的盼望，但是卻與一個白人女孩戀愛。當女孩由於某種不明疾病而陷入昏迷，他的雙面人生瀕臨危急關頭。

我自己也面臨一個人生重大關卡，但是觸發事件沒有那麼戲劇化。有一次我到父母家省親，我媽媽的朋友也在，原因她們心知肚明。我母親朋友的朋友有個符合條件的兒子，她希望我跟他見面。那時候我三十三歲，以伊朗標準而言，這個年紀還沒有結婚生子實在是太老了，但是以**我自己**的標準來說，這個年紀父母還介入我的感情生活實在太超過。我根本不想跟這個男人見面，因為我認為伊朗男人就是傳統大男人，我不想跟這些事情有任何瓜葛。我父母給我安排相親，這是他們想要的，不是我想要的。我非常憤怒，當場在我媽媽面前，從一向乖巧順服的傑奇博士（Dr. Jekyll）變成瘋狂的海德先生（Mr. Hyde）。❶家人以前看過我生氣，但是從來沒有見過我如此大發雷霆。這是討好者的陷阱：我沒有設定界線，總想取悅別人，然後我翻臉了。

我立刻飛回位在華盛頓特區的家，過了一、兩天才打電話給我媽媽。這時候，就跟當初我不再攻讀醫科時對我爸做的一樣，我設定了界線。「媽，妳聽我說。我接受我們家的文化傳承，而且我已經做了許多妳希望我做的事。但是，我不會讓你們決定我的愛情。那個決定不是你們可以做的，只有我可以。」

我媽媽沉默著，所以我接著說，「我不會把話說死，但是未來我的結婚對象很可能不是伊朗人。我知道這句話會讓妳心碎，但是，我不能再忍受為了這種事爭吵了。我不希望再讓我的怒氣傷害妳。妳必須鬆手。我會好好的。我未來要結婚的對象會是很好的人，只是他不會是妳期待的對象。」

我們掛掉電話時，我知道她很難過，但是我的呼吸順暢了一些，就好像我的肺突然騰出新空間一樣。我找到勇氣，對我媽媽表達了真正的自己。

我不敢說，當父母接受我不會成為醫生，或是理解到我不同意他們安排相親後，雙方就不會再鬥氣了。但是，某種強烈的轉變發生了。我不再對我父母生氣。當我有勇氣不去取悅他們，當我允許自己把原則和價值放在第一順位，我才明白，自己終於活出真正的模樣。要是能夠早一點這樣做就好了，尤其是在人生中某些重要的交叉口時，也許是被迫選修化學課而不是政治學，也許是跟某個很棒的男生約會，而我知道跟他會有未來的時候。

但是，與其一直回顧過去，我現在可以透過教學來幫助別人，允許他們活出真實的自己，並去爭取自己真正想要的。他們必須明白，自身的意願和需求很重要。雖然我們仍然會努力讓別人快樂（而這本身不是糟糕的目標！）但是，人必須先去找到自己的滿足感，為自己談判。

❶ 小說《化身博士》中的主角，其中「傑奇和海德」一詞更成為心理學「雙重人格」的代稱。

第3章
生命傷痕的意義

我沒有按照父親期待成為醫生，但是我確實對公衛教育及預防保健很有興趣，所以我去做愛滋病防治工作。由於我對健康照護事業，以及讓有需要的人都能得到幫助情有獨鍾，所以後來我決定申請商學院，企圖在健康照護領域建立我的事業。申請商學院之後沒多久，我很幸運得到一筆經費，能去發展一項愛滋病防治教育計畫，就這樣，我共同創辦了一個健康照護諮詢事業。許多創業者一路走來，努力撫平內在跟外界的懷疑聲浪，而我也成為這條路上的其中一員。家人覺得我瘋了：不讀醫學院也就算了，還放棄全職工作去創業，甚至延後入學MBA？我到底在想什麼？對我父母來說，醫學學位或碩士學位非常有吸引力，因為他們走的都是穩當的職業路徑，創業則是相反的那一頭。

但我還是去創業了。我和我的輔導業師一起成立公司，剛開始很成功，但是後來最大客戶未如預期跟我們續約，因此公司碰到很大困難。我們太依賴那個合約，導致公司資金周轉不靈，負債高到難以承受，而且又碰到景氣下滑。我的創業夥伴覺得我們必須遣散大部分員工，以避免破產。

我的想法與他非常不同。我想留住員工，我擔心他們在這種景氣下會找不到工作。即使是面對供應商，我也覺得我們身負重責，必須確保公司能繼續付款。畢竟，我們過度承諾並不是他們的錯。在我心裡，我認為有責任清償債務，即使要我從自己的戶頭裡拿錢出來都可以。但是，年紀跟商場經驗都比我資深幾十年的夥伴認為，生意就是生意，無關個人。他說，「這就是為什麼我們是S公司（S Corporation），[1]這就是為什麼可以選擇破產，因為在這種情況下它能保護我們。」

對我來說，破產是失敗的同義詞，我無法告訴家人或其他擔心我創業的人，這個公司失敗了。雖然我們公司還是在不景氣時存活下來，也找到了新客戶跟大案子，但是我們仍扛債扛了好幾年。儘管後來公司財務比較穩定了，我卻愈來愈難在工作中感受到樂趣以及滿足感，但我又覺得自己必須撐下去。

曼德拉說：「但願你的選擇反映的是你的希望，而不是你的恐懼。」我過了很久才了解這句話。我讓兒時傷痕定義了自己，我被過度害怕失敗給定義了。畢竟，我的父母為了讓我在美國成長而犧牲了許多事物，我不想讓他們失望。

沒有誰的人生裡不曾留下傷疤，但我們多數人都在某些時候讓傷疤定義自己。比方說，在結束一段糟糕的關係後，我們沒有學到教訓然後往前走，而是放棄跟任何人相處，或是認為自己只配得上渣男渣女。或者，我們失去了喜愛的工作，卻認定是咎由自取，所以從此以後最好是有什麼就做什麼。或是，我們在某種特定價值觀之下長大，即使那種價值觀對我們毫無好處，但我們仍無法掙脫出來。每個人都有傷痕，如果沒有予以正視，這些傷痕會削弱我們清晰思考以及有效協商的能力。

鬥爭算計vs爭取更多的骨氣

對於談判，紹熙從小到大所知道的定義是狹隘的。在她的韓國家庭裡，談判表

---

❶ S公司，公司的收入可以不繳公司所得稅，而是直接作為股東個人收入納稅，可避免重複課稅。

示有贏家、有輸家。如果你贏了，另一方就要退讓，沒有第二句話。「我家的模式就是非黑即白，好像只有一種標準。我會壓抑自己的願望，這樣才不用去衝撞，或是變得很防衛、生氣或是抗爭。我們家不會好好談，而是彼此對吼。」

紹熙一家剛移民美國，她說，他們一直都處在鬥爭的心態中。「在我身處的移民社群中，有許多人來到美國是為了躲債或是離開糟糕的配偶。」她說，「那裡充滿著苦痛，大家都覺得要踐踏別人才能贏，至於到底要贏得什麼，我也不知道。也許是某種自尊或是優越感吧。」紹熙的家人到美國第一個月是睡在別人家的衣櫥裡，而她的父親則邊擔任工友邊上學，同時研修如何成為牧師。她父親很慷慨並且願意幫助人，但是卻被別人占便宜，導致銀行信用不好、家庭用度很緊，家人經常為此爭吵。「我看著爸媽為了父親太慷慨、導致家計拮据而吵架。我心想，『你不可能當個好人而不被踐踏。』我認為談判就是這個樣子，有一個人得利，就有另一個人被壓迫、淘汰或是陷入債務坑洞……我很害怕談判，我覺得那是充滿衝突的對抗。」

紹熙在賓州大學就讀時選修了我的談判課。「我的最終目標不是變成冷酷的高手，我想修這堂課是因為談判讓我不舒服。我知道我不開心，也不擅長爭取自己想要的。我想要好好面對這一點。」

在我的課堂上，她必須碰觸身上的傷痕，那是她內化了二十年的一個訊息、一種生存狀態。不過現在，她可以跳脫非黑即白的框架，轉而把談判視為用既複雜又細膩的手法來解決問題。她發現自己愛上這樣的談判。她喜歡了解別人，以及找出彼此共同利益的過程。她也發現自己其實非常擅長這些。她善於聆聽，這一點更受到同學們的看重。

紹熙從小被教導的是，韓國女性不需要表達自己的需求，更別談努力爭取。韓國女性應該先服務別人，把自己擺在最後。理智上，她並不相信自己的願望及需求不重要，但是每當到了「要求」的時刻，她還是很難開口說出來。在課堂上，這一點非常明顯。她很難為自己的需求發聲，但是，當她扮演的角色是不動產買家的代理人，她可以花上整晚時間為客戶據理力爭。她說，「我覺得很震驚，原來，我可以這麼堅定自信地去爭取。為什麼我不能為自己這樣做呢？」一旦意識到這一點，一切都改變了。她努力以過去的經驗來豐富自己的認知，而不是讓過去主導她的習慣。

修完課之後她去了泰國一趟，在那裡她用新的心態走出第一步。「我在預定轉機行程的時候，那家公司通知我要收三百泰銖。但是，從第三方看到的價格是兩百五十泰銖。現在我知道，有些人一定會要求付兩百五十泰銖，但是有鑑於我過去的習慣，我通常會為了避免潛在的衝突及對峙而付三百泰銖。畢竟，這五十泰銖差價換算下來只不過是一．五美元，相當於一條口香糖的價格，用這種機會成本來刺激泰國經濟也不會要了我的命。但是，我決定要長出骨氣，至少要跟對方說，第三方承諾的價格是兩百五十泰銖。結果對方回信說，就收兩百五十泰銖！我知道雖然從客觀角度來講這沒多少，但是我是跨過很多心理障礙才做到這一步。」

紹熙早期對於談判的經驗對她有相當大的影響，形塑了她許多微小的習慣和決定。就像她說的，轉機的差價只不過是一．五美元，許多人不會計較，說真的，不計較也沒有關係。但重點是，紹熙正確地注意到，她的順從變成一種習慣，成為她在世界上的生存樣貌。所以，為了改變那個習慣，她必須打破自己無意識的行為。她必須用好的談判經驗取代糟糕的經歷。

畢業之後，紹熙在線上鞋類零售商 Zappos 找到工作，這對她是非常興奮的時刻，但是令她失望的是薪水。「我心想，這感覺不太好。我知道這個工作位在拉斯維加斯，生活費用便宜。但是，真的是這種薪水嗎？可是另一方面，我也害怕，並想著，如果自己要求更多，可能會被認為是窮到死要錢、需索無度。我應該別管個人損失，接受這個工作。但是，我又想挑戰自己。」因此，她先試試水溫，這是她以前不會做的。「我說，『我很興奮能跟你們一起工作，但是底薪有點低。』不過我是帶著道歉的態度。」而 Zappos 回覆給她一個更高的底薪。

下一次求職談判時，她拿掉道歉的態度。那次談判她還是拿到了工作，而且談得更好。「這次底薪很不錯。」但是她了解有三大因素需要考慮，包含：底薪、入職獎金、股票。她詳細研究了每個項目，弄清楚免稅額等細節，然後提出反問。「我開始問自己，我真的在乎底薪嗎？我要滿足的是什麼需求？我想要什麼改變？」她發現，自己因為違反工作契約，而必須給付前公司違約金，針對這點她想要獲得補償。她也考慮了新公司老闆想要滿足什麼需求、會滿意什麼條件，雙方一起找出可行的解決方案。

這個方法，比起紹熙從小到大熟悉的「為了獲勝而鬥爭」的心態，相差可遠了。不過，紹熙運用新的談判方法所碰到的最大試煉，是與父親之間的衝突。她的家人最後搬回南韓，紹熙留在美國。她收到父親的電子郵件，內容談到他希望她跟什麼男人約會，「起初我覺得很煩，我的態度很防衛。」紹熙就像我一樣，對父母安排的相親沒有任何興趣。「接著我的態度開始轉變，我心想，怎麼幫爸爸以我的視角看世界？怎麼讓他知道，他認為正確的答案，但我不一定覺得是對的，可是即使不一樣也沒有關係。」她知道，父女倆有共同目標，那就是希望紹熙有個幸福充實的人生。「我跟爸爸可能對那種人生是什麼模樣，想法不同，但是我們都希望我幸福快樂。」現在，她不會被激怒到完全不跟父親對話，她會讓他知道，哪些時候她會將父親的建議納入考慮。她也更常與父親分享她的生活，讓父親知道即使她沒有結婚，一樣能過得幸福充實。她帶著父親更深入她的世界，而且這樣做也讓父女倆的關係更加緊密。

人生必修的求助溝通學

琳達．施萊辛韋格納（Linda Schlesinger-Wagner）給人鮮明深刻的第一印象。她跟朋友借了一千美元，在密西根創辦零售網站 Skinnytees，當時琳達破產，身兼多職，而且才剛離婚。而現在 Skinnytees 經常登上《早安美國》（*Good Morning America*）節目以及《歐普拉雜誌》，每年平均銷售額四百萬美元。琳達是人道主義者，她到世界各地訪問猶太大屠殺的倖存者，而 Skinnytees 也不遺餘力地投入慈善活動。看她現在的樣子，你完全不會知道她以前有多低落，她的人生只差那麼一點點就會完全不同。

琳達小時候看著父母經營一家製造工廠，所以她對創業的波折起伏並不陌生。她家經營的是工具及染料公司，她從旁觀察學習所有關於工廠經營、生意往來的眉角，還有履行合約的各種細節。她的父母在四十幾歲時失去他們所擁有的一切，琳達看著他們重新振作，她說，「他們有膽識回到原點，用不同的方式東山再起。」琳達在各方面都跟隨著父母親的腳步。

琳達成年後婚姻並不美滿，但是跟許多人一樣仍然維繫著婚姻，就為了全家人能在一起。她開了一間以兒童為客群的商店，沒多久又成為一個織品業者，她賣的毛衣都是手工織的，而設計靈感來自一系列古董鈕扣收藏品。在打造事業時，她也是家庭的主要照顧者，包括照顧生病的公公。等到孩子都成年、公公也過世時，琳達對丈夫說，沒有理由繼續在一起了。

夫妻很快就離婚，但是，要把自己的生活跟那個結褵數十載的人完全分開，並不容易。雖然是琳達提離婚，但是她發現自己還是會去找前夫，而且她羞於告訴任何人。她掙扎在離婚的泥沼中，也受困於前夫對待她的方式。她的自我價值愈來愈低落，但她不想讓朋友及家人知道情況有多糟。琳達一直不善於尋求幫助。她的世界觀是，無論經歷什麼都要自己承擔。「我前夫對我情緒虐待、精神霸凌。」琳達說道，「我是個堅強的女人，而且我也覺得自己活該。但是，前夫對我說的話，是任何人都不該說出口的。」

某天就像是注定一樣，琳達來到底特律郊區的舊家，她前夫還住在那裡。前夫給她錢叫她去買植物，要她在房子四周做些園藝工作，而他自己要外出約會。「我尖叫大哭，告訴他他有多壞，我提醒他我是他孩子的母親。」離開舊家時，她仍然情緒未平，但是她不想造成任何人的負擔，而是想自己處理就好。她覺得她**應該能夠**自行處理。「我一直想，跟我生活了大半輩子的人這樣對我，我不想活了。」

琳達想辦法買到一罐安眠藥。她知道有個朋友出城去了，於是她開車到那個朋友家附近，然後下車用走的。她進了朋友家中，在樓下客房鋪上一張毯子，她打算在那裡割腕，但是她決定先吃安眠藥。琳達非常羞愧、低落、覺得自己很渺小，雖然沒有人在家，而且沒有人在找她，但她還是拿著手電筒躲到樓下的壁櫥裡，吞下安眠藥。她走到浴室，打算執行計畫的最後一部分，但走到半路就失去意識。四十八小時之後，她在醫院醒來。

琳達自殺未遂，撿回一命完全是幸運，所以這個故事帶有警告意味。在琳達買安眠藥時，遠在舊金山的二十五歲女兒突然覺得不對勁，因為媽媽很不尋常地沒有接電話。她打電話給琳達的電信業者，說道：「我很擔心我媽媽，你可以定位她的手機在哪裡嗎？」電信業者找到手機定位在琳達的朋友家，於是琳達的女兒打電話給警察。警察破門而入，發現琳達，打電話叫救護車。這時琳達還是沒有脫離險境，急診室醫生對琳達女兒說她母親可能會死。

但是琳達挺過來了。她醒來，記得急診室護士在照顧她，那個護士對琳達說，「我五年前的狀況跟妳一樣。妳要記得，**絕對**不要讓任何人把妳打倒。」

琳達自殺未遂，必須先留在精神科病房，之後才能回到普通病房。最後琳達的女兒把她帶到加州馬里布（Malibu）的成癮及心理復健中心——「峽谷」（The Canyon）。費用是琳達一個朋友出的，她知道琳達將來有一天會還給她。「我朋友來接我，帶我去那裡。」不管琳達喜不喜歡，總之是被別人幫忙了。

「沿著那條峽谷大道直行，一路上空曠無物。四周草木蓊鬱、綠意盎然，而且非常炎熱。」復健中心裡只有二十一個病人，沒有人告訴別人自己姓什麼，除非自己願意說。

「第一天，帶領人把男女分開之後說，『女士們，我現在要用大方巾把妳們的眼睛蒙起來。請搭著妳前面那個人的肩膀，我們會引領第一個人。』」琳達說，大家就這樣慢慢走了十五分鐘，每個人都被蒙著眼睛，小心地走在好像是一條岩石小徑上。接著，帶領人要她們抓住一條繩子，然後拿掉眼罩。帶領人解釋，她們在一個迷宮裡，任務是要找到出口，「我們會確保大家不會受傷。如果有人需要幫忙就舉手。」琳達回憶道，「三十秒之內帶領人就說，『好，第一個人找到出口了。』接下來幾分鐘，其他人也找到出口，但是我還抓住繩子。我不知道其他人是怎麼找到路出去的。接著，帶領人說，『還有兩個人在迷宮裡，如果妳需要幫忙就舉手。』突然我明白了。我說，『等等！我了解了。如果我有需要，就開口請別人幫忙。』」琳達破解密碼了。「我在一個鬼森林裡，跟一群我不認識的人在一起。我找不到入口，也不知道出口。這個活動就是安排好要告訴我們：請別人幫忙。我這輩子**從來沒有**請別人幫忙過，我總是想，『我要自己承擔這件事。』那一刻我恍然大悟。我就是那個從來不開口請求幫忙的人，我從來不放棄，直到我企圖殺死自己。」琳達了解到，這種心智模式已經綁住她一輩子。

琳達在峽谷中心住了一個月，然後回到她在密西根的黃色小屋，重建自己的人生。在出院之後，琳達不再做出反映自身恐懼的決定。「我從峽谷中心出來之後，我說，我不要繭居在家裡，開悲傷派對。相反地，我在交友網站上放了自己的資料。」這是她從來沒有做過的事。「我跟人見面，喝咖啡約會。」她不再去找前夫，並且開始思考**自己想要**做什麼，而不是應該做什麼。她跟一個叫做保羅的男人見面相親，他是琳達朋友的朋友，才剛喪妻。兩人馬上就覺得很投緣，現在結婚了。

最明顯的改變是，琳達不再遲疑著請求朋友或家人幫忙。她有一段時間做過很多不同的工作，後來，過去的零售及製造經驗給了她靈感，促使她創立Skinnytees。她接受朋友借給她的錢，而她以前從來不覺得自己值得。然後她開始賣質料柔軟、沒有接縫的無袖背心，無論什麼身材的女性都可以穿。

琳達說，「個人的私生活，真的會影響到你的專業工作。我的個性確實改變了。我不再壓抑，並學到要懂得求助，而且我現在也不時會尋求幫忙。」她來參加高盛萬家小企業輔導計畫，所以我才認識了她。琳達和幾位同期同學在課程結束後都還保持見面，彼此支持及互助。琳達說，「因為我學到如何開口請求幫忙，所以我也想去協助別人。」無論是對同學還是她熱衷參與的慈善活動，她都秉持同樣的態度。「我們互相尋求幫助，這樣多麼有力量呀！」

許多人認為，他們必須獨自處理談判過程中的各種準備工作。但是，你不必像會計師那樣熟稔財務數據，或是像律師一樣知道如何寫出詳盡而周全的契約，而是可以請專業人士來協助我們做準備。我們可以在談判之前，先跟朋友或是職場導師演練一遍計畫，然後請他們給予回饋，好讓我們有不同觀點。我發現當我年紀愈大，就愈能自在地接受自己不知道的事，並且尋求幫忙。我的目標不是成為整個會議室裡最聰明的人，而是最開放心胸去學習的人，這樣我才能在與人對話之後更睿智。我非常榮幸周圍都是一群聰明的學生、事業有成的創業者、很棒的朋友和職場導師，如果我為了自尊心而不去運用他們的智慧，那我就太傻了。每當我的學生說，「我不是個好談判者，因為我數字方面很不行。」我會立刻回答，「幸好有很多會計師和財務專家，等著你去雇用啊！」

求生好勝如何阻礙成功？

我的學生潘姆的競爭心很強，有時候強得太過頭了，她自己也知道。但她的人生經驗告訴她，她**必須**好強。她是非裔女性，在底特律的建設服務業工作，這個產業完全由白人男性主導，而這個城市更充滿種族鬥爭的歷史。她能達到今日的成功，並不是靠別人獻花加持，而是必須自己捲起袖子努力打拼。

我在二〇一四年認識潘姆，她和她的同班同學當時還在試著走出經濟衰退的陰霾。我給班上同學一個談判練習情境，潘姆想起自己曾經做過這個練習，她問我是否可以不必做，因為她知道答案，她說這樣對別人才公平，而且她可能也不會從中得到什麼。然而，我給的談判案例，就跟琳達蒙眼走迷宮的用意一樣，是去體會「頓悟」的瞬間（也就是他們必須懂得求助）。我想讓學生體認到，關鍵是合作而不是競爭。因此，雖然我通常會讓練習過的學生不用進行談判，但這次我還是要潘姆去練習。結果，她從這次練習得到的，讓她感到謙卑。

「我**知道**關鍵在哪裡。我知道如果我們都有成功祕方，就可以達成雙贏。但是，我還是無法做到。談出來的結果完全不對。」她解釋自己好勝心強，就跟同組成員一樣，相較於合作，大家更爭強好勝、防衛心重而且互別苗頭。她說，「雖然我知道答案，但是我還是無法決定結果，這對我來說意義深長。」

潘姆強烈的好勝心，是幾十年來的求生模式所造成的，讓她不願意去展現合作態度。她害怕表現出脆弱，但這種恐懼會妨礙溝通，阻礙潘姆去創造有可能實現的雙贏成果。

潘姆從這個活動得到的禮物是自我覺察。她能夠清楚看到自己的傷痕。未來她可以運用這種自我覺察，更加審慎而積極。在了解自己好勝心強後，她就可以提醒自己，把觸發自己求生反應的情境考量進去，並訂出一個實作計畫，像是在談判剛開始時放慢步調，並花更多時間了解談判對手，而且這樣做也能緩和她爭強好勝的氣焰。其他做法可能是：多等幾秒鐘再回答，或是時時關照自己的情緒和感受。或者，也可以簡單寫一張紙條給自己，告訴自己不要對號入座、認為談判有針對性。我並不是說，留意自己強烈的性格傾向是一件簡單的事。它並不簡單。事實上，它很細膩而且令人心累，但它卻也能為你注入許多力量。

絕望者的悲劇與重生

我們的出身並不能決定我們是誰，但是現實環境的影響的確深植在我們心中，而我們必須意識到這一點。舉例來說，我曾在紐奧良教課，而在颶風季時，天氣預報會扮演舉足輕重的角色。紐奧良人很容易覺得無助，因為大自然會提醒你，它比你更強，人的命運不能由個人目標或是努力來決定。儘管我的紐奧良學生在經歷風災以及隨後的經濟損失後，一再站起來，但是他們雖然重新振作，內心卻不知道哪一天家裡的門窗又要被颶風吹走。這種傷害，影響了我的學生提出的要求。

瑪麗艾倫．史萊特（Mary Ellen Slayter）是高盛萬家小企業輔導計畫的學生，她任職於內容行銷公司。「我是路易斯安納州本地人，所以經歷過這些致命災害。大家以為我們喜歡狂歡作樂，但我想大多數人只是把每一天都當作是最後一天，因為我們可能隨時會消失在地圖上。」不過，瑪麗艾倫說因為自己二十幾歲到三十幾歲時曾住過華盛頓特區，這段經驗幫助她打破地域上的心理限制。現在她回到紐奧良，她會告訴紐奧良鄉親們，「拜託一下，有點自尊心！這真的可行。你做得到，而且你也可以要求某個事物。」

最近我在愛荷華教課，驚訝得知這裡的學生瀰漫著一股傷感情緒。他們因為生長在這個「神的國度」而與有榮焉、深感尊貴。然而，他們心中也暗藏著不安感，那是一種冒牌者症候群。這也難怪。現在高科技經濟才是王道，然而那些產業都集中在東、西岸，美國中部被跳過了，導致人們不安四溢、怨氣滋生。

在二〇一四年的底特律，你立刻就能覺察到這種掙扎。底特律人被大眾遺忘，整個國家判定，即使當地沒落、居民生活也還過得去，直到我們驚覺實情不然。而傷害造成了反噬。還留在底特律生活工作的人覺得光榮，但是那種自傲與當地脆弱的經濟環境密不可分。我的學生潘姆說，「許多底特律的人心裡有個洞，因為無論我們做什麼都被嘲笑戲弄。幾十年來，底特律變成全國笑柄，到現在還是這樣，那些人根本不了解。」底特律人掙扎太久了，已經深深受到自我懷疑的影響。他們是鬥士，但是他們必須學著不要期待太多。即使受到鼓勵，要求外界投資當地的成長計畫，他們仍「要求」得不夠多。他們分享的願景蘊藏著疲倦，其中缺乏希望。

原因很清楚。若有人在底特律創立一個小企業，專門提供零件給大汽車製造商。有一天，這個創業者收到通用汽車或福特汽車的電子郵件說，由於景氣不振，如果他還想繼續做生意的話，成本必須減少二五%。然而，由於這些底特律小企業沒有其他客戶來源，削價二五%對他們來說會是一筆重大損失。但他們不敢拒絕，做起事來也綁手綁腳，而且這種感受由來已久。他們害怕要求更多會有不好的後果，也擔心聽到「不」。他們沒有嘗試找出雙方都能接受的解決方法，而是想著：「我哪有能耐跟這麼強大的企業談判？」當然，也是有其他公司市鎮（company town），即該地區的大部分居民都受僱於同一家公司，而且大企業通常都會對員工頤指氣使，但是在底特律不一樣。舉例來說，芝加哥和匹茲堡也都陷入危機，而且就連西雅圖，自從一九七〇年代波音在西雅圖裁員之後，有人建了一個很快就紅起來的告示牌：最後一個離開西雅圖的人，請記得關上電燈。但是，芝加哥、匹茲堡、西雅圖的情況並不一樣，它們不是只依賴某些產業才有立足之地，也不像底特律有根深蒂固的種族問題，更沒有像底特律一樣被狠狠打趴幾十年，而且一直都沒有合適的領導人。這些城市雖然負傷，但是不像底特律這樣滿目瘡痍。如果有一個人因為疲倦及焦慮而陷入長期憂鬱，那麼同樣情況也適用於多年以來都是壞消息的地區。

要真正了解這些經濟傷痕造成的影響，有一個令人深思的角度是，那些**沒有**受到影響的底特律人，如何以不同方式看待世界。以安德魯．契姆路斯基（Andrew Chmielewski）為例，他在底特律郊區長大，而在景氣最低迷的時候他還在就學。由於安德魯對做生意非常有興趣，因此注意到一個很棒的機會。他爸爸戴夫是退休消防員，擅長烹飪，以前經常做烘焙給消防局同事吃，他自製的太妃糖很多人想買，但是量大到他做不來，他從來沒碰過這麼大的需求。安德魯從學校畢業之後，經營起家製太妃糖生意，十年之後，「戴夫太妃糖」（Dave's Sweet Tooth Toffee）已經鋪貨到五千家店面。

安德魯說，「我今年三十歲，所以十年前我其實沒有真正參與經濟活動。當時我沒有貸款，也沒有經營事業。」他在景氣低落時長大，所以儘管成年後的他知道景氣不好，但是他沒有創傷。他很欣喜且驚訝的是，說服別人提供資助並不困難。儘管自己是底特律草根出身，但他並不把這一點當成負擔，而是當作好處：他不必跟紐約布魯克林或舊金山的獨立潮牌競爭，在那裡戴夫太妃糖可能會做不起來。他可以在自家廚房做實驗，嘗試各種配方、調整口味，保持適當的創造力即可，不必為了要讓誰豎起大拇指而賣命。

他對自家產品以及市場的信心，是由內而生的。三十歲時，他已經能夠自在地拒絕跟條件不合理的大公司做生意，他指出，「若不曾擁有，就不會失去。對吧？」當然，他知道跟大公司往來有巨大的獲利機會，但重點是，安德魯認為處處有商機。

固然，只有極少數人的人生沒有傷疤，將來安德魯一定也會經歷人生風浪。然而，關鍵在於，要知道這些考驗如何形塑你的展望以及決定；重點是，讓這些試煉來豐富自己的認知，而不是讓它傷害你。

我了解到，害怕失敗就是我的創傷，令我無力招架。我在經營公司時對於收手、終止關係的恐懼，讓我做出一些糟糕的財務決定，更使我待在一份自己不滿意的工作上。我讓它定義了我。

但是，我們也可以從另一個角度看待這份恐懼。雖然在公司經營上不是很順利，我還是到華頓商學院就讀。我不僅樂在其中而且成長很多，廣受同學和教授的稱讚。然而，商學院第二學期時我出了車禍，撞我那輛車以時速約八十公里行駛，我的肋骨和全部跖骨骨折。但是從急診室轉出之後，我還整夜研讀成本會計，因為我很怕被當掉。儘管受傷所打的石膏四個月才拆掉，但整個復原過程，我的分數都沒有掉下來。我從不缺課，也不願在課業上失敗。我發現，我對失敗的恐懼，也可以激勵自己。

最後，我代表全班在華頓商學院畢業典禮致詞。我記得自己很自豪地站在台上，站在家人、聽眾、同學、教授面前。我心想，我做到了，我付出努力並得到回報。我可以讓經營事業的傷痕定義我，或者是讓此時此刻定義我。我選擇後者，而且不再往回看。

現在，我會更覺察內心的創傷。而在陷入決策困境時，我也會注意到自己冒出害怕落敗的念頭。我可以辨認出，何時我的判斷受到冒牌者症候群影響，或是出現在腦中的是我父母的想法而不是我的。我知道這很困難，而且可能永遠如此，但是現在我可以更客觀看待它。我可以分辨出，自己是否扛著過往的重擔，還是在展望未來時，清楚知道要把往事放在一邊。我很慶幸自己能夠注意到自身的心態和行為。因為最危險的地方在於，你完全沒有覺知到自己內心的傷痕。

第4章
談判破局的地雷

南非前總統曼德拉或許是二十世紀最棒的談判者。而且，他所爭取的是黑人的平等公民權，以及南非種族隔離制度的終結，這可是不朽的成就。儘管曼德拉在監獄服無期徒刑時，他完全有理由可以厲聲喊罵自己的訴求。但是曼德拉的高明之處就在於，他懂得放下個人的強烈感受，並對獄警及支持種族隔離的人抱持同理心，這一點極為有效。曼德拉是個務實主義者，他耐心斟酌最能得到共鳴的做法，不只是得到南非白人政府的認同，還有非洲民主議會（African National Congress）的支持。他在監獄裡溫和地從後方領導，將兩方勢力拉在一起，了解各方必須聽到什麼，以及每一方該如何走向對談。曼德拉的父親是部族首領，他從小看著父親與他人建立共識，並留意到族長是如何「守在族人後方，讓最敏捷的人先行，其他人跟進。而族人都沒有意識自己被人從後方帶領著。」[1]

林肯也同樣運用了這種充滿耐心與同理的方法。他曾說：「當我準備好跟人們說話，我花了三分之二時間思考他們想要聽到什麼，三分之一時間思考我想要說什麼。」

一般人可能不像曼德拉或林肯一樣善於溝通，但是我們確實一直在謹慎盤算，如何對特定聽眾透露情報。我們從孩童時期就這麼做了。比方說，我們知道要等父母心情好的時候再要求吃甜點。雖然如此，當彼此的談話變成一場談判，我們通常會忘記這些軟性技巧，忘記了最重要的一點是：我們面對的是人。

你在談判時，無論是要改變危險行為、談定一個複雜的商業條款，還是決定誰要出去倒垃圾，你必須知道兩件事：首先，你打算提出什麼要求；其次，如何開口問。大部分人花太多時間及精力去擔心該要求什麼、憂心理由是否充分、操心是否要求太多或太少，卻不太去思考如何形塑論點。他們不會停下來想，「如果我這樣問，我的對手會怎麼消化這項資訊？假如我換另一種方式問呢？」

我的朋友克雷多年來從事外交禮賓的工作。他的工作是讓政要、政府官員在參加多元文化活動之前，了解注意事項。他會跟他們彙報各國國旗要放在哪裡、怎麼放，以及是否應該握對方的手，甚至連服裝的顏色也要講究。每年我都會邀請克雷到我的談判課來演講，不是因為學生們必須知道在商業會議中，雙邊互惠夥伴贈禮的細節，而是必須了解這些細節有多重要，以及這些細節傳遞什麼資訊。

本章的主題是溝通。事實上，當交流太匆促、未經深思熟慮，就會造成不必要的麻煩以及不如意的結果。本章我會說明，人在提出要求時會犯什麼錯，以及原因是什麼。

吃快弄破「談判」碗

多數人的行事原則是：遵循自認的常識。什麼是常識？從定義上來說，就是大家都熟知的道理，根本不足掛齒。比方說，我們以為感冒時要避免吃乳製品，因為它會增加痰液（其實不會）；不小心把三明治掉在地上，心想「五秒鐘原則」[2]，趕快撿起來就可以吃，但其實細菌會不會沾到食物跟時間無關；每個人都認為有效率比較好，這一點又錯了。

我就開門見山吧。美國人做事最有效率。如果你可以一邊開車、一邊吃東西、一邊打電話，那何必只開車就好？如果你能在生鮮配送公司 Instacart 叫貨，為什麼要在商店排隊等？現代人在一天之內可以做的事情比以前更多，待辦清單也愈來愈長，在大家眼中，社交禮節純屬浪費寶貴的時間。美國企業人士常常這樣想，「我應該可以談好這個合約，一、兩天就能回家。」他們想像自己飛到東京初次與客戶見面，簽下合約，然後隔天就可以飛回家。而在飛機上他們還可以訂雜貨，也許還能處理幾封電子郵件。

無論這是否為恰當的商務會議形式（我會說不是），如此迅速的交易是不切實際的，而且幾乎很難談成最理想的結果，尤其是在強調關係的文化，例如亞洲、拉丁美洲、中東。這些地方的人想要了解他們在跟誰做生意，而且談生意之前會有晚餐、飲酒、交談等等。可以說，關係比交易更有意義，這是一個建立關係的過程。即使在比較任務導向的文化中，例如德國和美國，關係仍然是重要的。比方說，迪士尼總裁羅伯特．艾格（Robert Iger）向導演喬治．盧卡斯（George Lucas）談判購買盧卡斯影業時，兩人見面期間長達**兩年**。[3]艾格對《紐約時報》談到，在他與這位《星際大戰》創造者所談成的協議中，「有許多信任。」簡單來說，談判需要的是耐心。人畢竟是人，我們想要看看談判對手是什麼樣子，也想讓談判對手看到自己。

葛林．柯楚那（Glen Cutrona）在紐約不動產開發界工作多年。為了拿到開發許可，他必須跟政府部門打交道，他說許多政府職員「滿懷怨氣，不喜歡他們所做的工作」。葛林了解到自己的工作是，「讓他們覺得自在，能夠卸下武裝……不管遇到什麼情況，我都不能帶著『我得把這件事搞定』的心態。每一件事都是談判。每個人都希望進度再快一點，但是這需要時間，而且我也學到要與人相處。我必須考慮到，接下來五年我會跟這些人打交道。」

在大家的刻板印象中，也許最具效率的地方是證券交易大廳，這正是安賽尼．切瑞托（Anthony Chiarito）起步的地方。他高中一畢業就任職於芝加哥商業交易所（Chicago Mercantile Exchange），「那不是一個你可以顯露情緒的地方。那個環境充滿陽剛氣息。」他在那裡待了十年，之後轉到保險領域，現在創辦了自己的保險經紀公司。他覺得自己從商業交易所學到的事物對他有幫助，例如哪些風險值得承擔，但是那個職場文化的某些面向也妨礙了他，「我會太快就說重點，而沒有顯露出我的個人特質。」安賽尼本性友善外向，但是他總覺得不應該在談判時流露本性。「我能跟對方建立親善關係，但是我不允許自己這樣做。如果我想要什麼，我會比較內斂。我覺得做生意就是要這樣。」

然而，安賽尼發現這種正式的態度對他並沒有好處，於是他調整做法。最近，他的保險經紀公司開設了第二個據點，他得要找到一個辦公空間。他說自己看上某個地方，「價格可以，但是坪數不理想。而我一心只想趕快處理好，解決這件事就可以去做下一件事。」但是他慢下來了。他跟那棟大樓屋主打好關係，並帶太太去看看那個地方。他說，「他們慢慢認識我，知道我是個負責的人，所以他們允許我進駐，租期以月計算，而且提供我較低的單位租金。」

如果你**沒有**花時間建立關係就直接進入談判，那當談判因為數字問題而陷入僵局，你就沒有其他好談的了。畢竟，你們沒有建立起合作關係，對話也沒有情境脈絡。例如，那些代寫政府標案計畫書的組織總是說，最難寫的就是只看價格的標案。畢竟如果不能用最低價來做，那你就出局了。因為沒有其他數據資料，也沒有其他資訊交換。相反地，想想交易熱絡的房市情況：買家會寫給賣家一段個人訊息，通常會包括一張個人照片或家人合照。儘管在賽局理論的規則下，「最高出價者贏，沒有第二句話」的談判類型還是**存在**，但是若各家出價都很接近時，提醒賣家他們做生意的對象是人，不是數字，結果會有很大的不同。

儘管當你建立關係、花時間與人對話、了解彼此，確實會讓談判過程變得更長，甚至長達一整個銷售週期。但是現在，你的對手有了更多情報能用來做決策，或進一步建立關係，如此一來，雙方的往來就不只是交易而已。本書第二部分會再深入探討建立關係。

為什麼關係決裂？溝通的誤區

一九七五年出版的《併購者解析》（*Anatomy of a Merger*）中，超級律師詹姆斯・弗倫德（James C. Freund）寫道，「每個人都有自己的談判風格，最糟糕的是你用了一個讓你不自在的談判技巧。畢竟，『真誠可信』是好談判者唯一重要的資產。」將近五十年後的今天，眾多年輕談判者仍然很難把這個忠告放在心裡。

其中之一就是我在第一章介紹過的平面設計師珍妮佛。珍妮佛跟公司夥伴共事及交友多年之後，她決定離開這個共同創辦的公司。賣掉股份的過程讓她非常焦慮，不僅因為她是個討好者，也是因為在這家公司裡，錢的事情還涉及倫理道德。

因此，珍妮佛向丈夫尋求協助。她丈夫是個律師，珍妮佛每次表示自己不想跟公司夥伴談錢時，丈夫就會翻白眼。他的處事方式與信念是另一個極端：對於談判，提及任何感受或是把它道德化，都會被嘲弄奚落。談判就是公事公辦，無關個人。

為了股份買賣的事，珍妮佛的丈夫幫她起草給夥伴的通訊信件。他們從負責鑑價的第三方拿到數字之後，他代筆寫了一封郵件，列出對方應該同意這個數字的每一項原因，而且還說應該要即刻辦理。信件非常正式，充滿法律措辭，意思就是要雙方趕快同意這項交易。珍妮佛在信件最後加上一行文字，充分表達出她對夥伴的感情，然後按下寄出鍵。

珍妮佛的夥伴雖然同意這個數字，卻覺得很難過。她們覺得她的方式太過正式而且針鋒相對，甚至忽視大家長達十年來的緊密私交。過了一段時間之後，珍妮佛有機會跟其中一個夥伴凱莉坦誠交心，她才理解到對方有多受傷。

凱莉說，「我不知道妳能不能理解，我們收到那封郵件的感受。我們有一年財務很困難，我以為妳知道，但之後我們就收到了那封苛刻、老實說帶有惡意的郵件，有如一記重擊。然後妳又在信末流露出詭異的情感。我在想，難道她完全不明白到底發生什麼事？」這個故事尤其諷刺的是，珍妮佛其實擁有高EQ，那是她的強項之一。但是，珍妮佛對談判極端恐懼，而且確信她的高EQ只會害她作繭自縛，因此她完全拋棄這項本來會很有價值的資產。珍妮佛向凱莉娓娓道來一切，凱莉則是說自己過程中也有犯錯，就這樣，兩人和解恢復友誼。不過整個過程還是一團糟也不必要，珍妮佛跟另一個夥伴還是不相往來。

珍妮佛和我一起重新爬梳了這段經驗，因為她雖然知道自己哪裡搞砸了，但還是想知道如果重來一次要怎麼做才好。而答案就在於：溝通，以及溝通的方式。「妳知道她們會對妳的行為進行道德判斷，因此，妳可以想想夥伴會怎麼看待妳所提的要求。」我說，「她們不是告訴過妳，每次談話都提到錢，會讓她們對妳有不信任感？」

珍妮佛臉色發紅。「她們這樣子是不對的，不應該這樣，這是公事啊。」她重複著律師丈夫的思維邏輯以及處世信念。

我提醒她，「但她們就是這樣想。」我指出實事求是的重要性。我們談到她可以怎樣把自己的要求，以她們能接受的說法表達出來。例如，她們重視彼此的關係，珍妮佛可以從這一點著手；再來，她們珍惜這個品牌，所以她也可以談到這一點。此外，與其用制式郵件及數字來開場，她也可以到她們所在的地方見面，以她們能接受的語言提出要求。

打破女性詛咒的高EQ談判法

雖然這個章節跟男人也有關係，但是不可否認的是，性別偏見在女性身上更常見。我要說的就是總統候選人希拉蕊。不管你喜不喜歡她，性別偏見在她身上再明顯不過，每次她說什麼、做什麼、穿什麼，總是被人用性別濾鏡來檢視。性別刻板印象真實存在於我們的社會中。無數研究顯示，相較於男性的成就，人們用更嚴苛批評的眼光來看待達到同樣成就的女性。[4]

女性在談判中提出要求，卻經常承受男性不會遇到的後果。那些不害怕先開口談、敢於要求更多的女性，可能被視為難搞、有攻擊性。大家會覺得她們比較不討人喜歡而且過度積極，但同樣行為的男性則被視為是以目標為導向、精熟且厲害的談判者。

尤其是在男性主導的產業中，女性企業主普遍面臨這種困境及雙重標準。也就是說，女性最重要的是應該受人喜愛，不能被視為過度積極、貪婪，或是有攻擊性。（其實她很可能完全不是這樣，但是在談判中，人家怎麼看才是現實。）所以，該怎麼辦？

首先，女性不必要求得比別人少。女性要做的就是，專注在讓對方覺得她的要求是有吸引力的。在事前準備工作中，女性不只必須了解自己的利益所在、設定高目標、找出資料來支持自己的目標，而且還要考慮對方的觀點及利益。在這裡，EQ是重點。如果你了解對方的情緒、反應以及感受力，那麼你就能在雙方對話中精準領航。這並不限於女性，任何人在各種談判中都是這樣。

即使是開口提案時，女性也可以當作在慶祝自身技能，而不是打另一場戰役。以前我有個學生艾絲特，她是個非常棒的女性企業家。有一次在一家客滿的餐廳裡，她成功要到一張桌子，跟她同行的男士開她玩笑說，這是因為她仗著自己是個年輕女性。艾絲特對這種評論很反感，因為她知道自己運用的是智慧和手腕，她覺得他們沒有正視她的能力。畢竟，她並不是眨眨眼睛就神奇地要到一張桌子，而是抓到要點，跟餐廳領班交流，並與對方站在同一陣線、一起想出有創意的解決方式。她問我對這件事的看法，我說她的女性特質包覆在敏銳的EQ中，所以，她確實是運用了女性特質，而且非常有效。與其將那評論視為貶低，其實她可以把它當作稱讚。她運用了溫暖及同理，那是她的力量來源。正所謂人同此心，心同此理，像曾執導奧斯卡提名的《逐夢大道》（*Selma*）以及展現女性力量的《時間的皺褶》（*A Wrinkle in Time*）的美國非裔女導演艾娃·杜韋奈（Ava Du-Vernay），便對《紐約時報》表示，「當你說『女性化』，人們會想到某方面的柔軟，但是我想到的是其他方面的力量。」那就是艾絲特所展現出來的。

在運動產業工作時，我的女性特質一直都是潛台詞、大家不方便明說。雖然，身為會議現場的唯一女性，我可以告訴自己，「噢，你們以為我是珍對吧？真糟糕，男士們，我是泰山！」❶很多女性就運用這種策略，但是，那樣無法展現真正的我。我會讚美某些人，因為我注意到、而且知道這樣會有助於我取得主導權，但這並不是諂媚，而是展現EQ。我不會說出連自己都不相信的讚美，或是提出我並不真的想知道答案的問題。

當我的女性學生表示，「我在男性主導的產業裡工作，但我從來不知道該如何拿捏。我很怕被人認為我在諂媚或是顯得太親切。」我告訴她們，絕對不要為了身為女性而道歉，要運用妳所有的武器，包括EQ，許多女性對此非常在行。稱讚某人是沒有問題的，只要妳說的是真話。但是穿著低胸襯衫或短裙來引起注意，就不在此列。

重要的是，運用EQ並不代表和稀泥。一旦我覺得自己不受尊重，我會立刻挑明。我的界線很清楚，而且我對自己應該受到的待遇，設定了高標準，而這麼做不是因為我是女性，而是因為我是一個人。我不再困擾於為自己發聲，而且我也一直告訴女性要勇於表達自己的意見。但是，我也不會因為覺得一輩子都被男性邊緣化就扮演憤女，那對我並沒有任何好處。雖然，身為女性必須要一直思考這些細微之處，可能並不公平，但是至少在目前，我們應該這樣做。

人生最慘痛的教訓

我的學生潘姆在底特律開設一個建設服務公司。她從自己的慘痛經驗中學到，做生意最重要的是人際關係。「以前我並不了解人際關係的必要性。」潘姆接著解釋，「無論是希望你成功的人，還是跟你沒有交情的人，都是因為受你的某種特質

❶泰山與珍，電影《泰山》裡的男、女主角。

吸引，才會想跟你長期來往，並投注社會資本在你身上。但以前的我會覺得公私就該分明。」二〇一二年，潘姆丟掉一筆可能會逆轉人生的訂單，即使買方已經說她提出的價格跟技術都是最好的，但她還是沒有拿到訂單。她花了兩年時間才明白為什麼。「那家公司能拿下訂單，是因為他們有高超的社交手腕。」潘姆簡單地說。

「沒拿到那筆訂單之前，理智上我知道人們會跟自己了解的人做生意。但是我打從心底相信，如果我工作勤奮又做得好，我就會勝出。」潘姆花了一些時間才熬過這筆損失帶來的衝擊。「沒有拿到那筆訂單，我很受傷也很生氣。但我這才**真正明白**，我低估了一種力量，那就是在商場上跟長期夥伴合作的自在與情誼。以前我會把損失歸咎為種族或性別問題，但是現在我知道對方不見得有意為之。比方說，白人男性還是會掌控契約，因為他們最主要就是跟其他白人男性往來，他們的合作夥伴也都是由白人男性掌管的公司。一般來說，他們並不是刻意不跟其他人見面。但是，他們也不見得了解非裔美國女性及拉丁女性。而既然他們不認識我們，那麼我們就不是圈內人，自然不會有管道建立關係或得到機會。所以，我必須改變這一點。」

一旦她了解到這一點，潘姆就改變了她的行事方式。她的新商業計畫是什麼呢？答案是，「讓所有人都認識我。」過去四年，潘姆跳脫她熟悉的一切。她去參加座談、演講，把握所有曝光的機會，而這正是她以前經營事業時缺漏的環節。現在，不僅潘姆本人出名，她的事業也廣為人知。她說，「這個方式顯然非常有效。但它是我學到最慘痛、也最重要的教訓。」

搞砸談判的過度自信

當你過度自信，你會搞砸溝通的**眉角**。雖然我談的是**過度自信**，但你可別以為自己本性謙遜就覺得事不管己。過度自信是一個很容易掉進去的陷阱。許多人花了好幾年才建立信心，而且他們也有資格這樣做，畢竟自信在談判中是關鍵，我完全贊同要有自信心。（請看第一章！）但是，一個人可以很容易從有自信變成過度自信，而且就連最謙虛的人都可能過度自信。這時候，它會讓我們無法做好充足準備。

安賽尼在芝加哥商業交易所的經驗以及他後來的事業經歷，讓他對於自己的談判能力相當有自信。所以來上高盛萬家小企業輔導計畫的談判課時，他在同儕之中顯得毫無畏懼。他說，「我不是個傲慢自大的人，但上這個課，我算是滿有自信的。」

結果顯示，他是過度自信。

在課堂活動中，安賽尼的角色是賣出一件罕見珠寶。以前他賣過這個設計師以及這系列的珠寶，每年交易金額都持續增長。他也曾經在一次特殊場合賣出一件珠寶，那是他和朋友在檯面下的交易，雙方同意的價格遠低於公開售價。安賽尼在盤算談判策略時，他用那次檯面下的交易數據作為參考點，導致他的銷售年成長率下滑。而這是因為，他並沒有設定足夠高的目標。他犯下的第一個錯誤是，他的準備過程有問題，因為實際上那個數據參考點是個例外，無須納入考慮。

第二，他不經考慮就分享了檯面下的交易資訊，這傷害到這件珠寶的增值率。通常我是贊成分享資訊的。畢竟，由於人們傾向緊抓資訊不放，導致扼殺了創造性思維，阻礙彼此坦然探索雙贏的機會。（這是第八章的主題！）但是，在談判前，你必須思考你提供的情報，是對你有利還是有害。安賽尼**應該**分享過去公開銷售的數據，以及這件珠寶的價值持續以相當大的幅度上漲（稀有物件通常如此）。反正這些資訊大家都看得到，透過分享這些資訊，安賽尼就能將談判定調為這是一場公開坦誠的對話，而且解釋了為什麼他的開價很合理。另一方面，檯面下的交易資訊對安賽尼沒有好處。這個資訊不應該對他造成傷害，因為價格比較低是有原因的，但是他並沒有好好想過那點。

如果安賽尼沒有過度自信，他會準備得更充分。假如他準備就緒，他就會知道不要說出檯面下交易的資訊。而且，他會準備好，如果對方要求提供這項資訊，他會解釋為什麼價格比較低，以降低這項資訊帶來的影響。

安賽尼很驚訝他和夥伴比其他人都還早結束談判。「我急著趕快談完。我是前幾個談出結果的。這讓我大吃一驚。」

等到我展示第一場談判結果時，安賽尼更訝異了。（我的課堂上每個人都可以在螢幕上看到別人談出的結果，然後我們再進行討論。）安賽尼不只是第一個談完的，而且談到的價格最低。安賽尼說，「在現實世界中談判，你沒有機會知道另一方願意付多少，你談成合約，然後以為自己做得很棒。」

「這很發人深省。」他說，「我把自信用錯地方。我做了筆記、制定計畫，但問題就出在計畫。我不了解我的定位，但我以為自己知道。我應該再多想一點。還沒開口談判，我就輸了。這個練習告訴我，有更好的準備方式，我必須要慢下來。」

要警惕自己是否過度自信，因為你可能會因此準備不足。一定會有人擔心自己準備不夠，所以他們就會準備得比你多，比你更謹慎小心。因此，除非你也這樣做，而且為你信服的條件做出堅定的解釋，否則他們就會談到比你更好的條件。

我希望我的學生擁有自信，但是我也希望他們是在過程中吸收各種養分而萌生自信，而不是劈頭就說，「我對這個很熟悉了。」而沒有做適當的準備。

另一個過度自信的副產品是，這樣的談判者會試圖賣高價而無法提出足夠的證據支持。記得在第一章我們說，你要說一個有益於你的故事，但是，這必須要有數據佐證，而不是說一則童話故事。我看過無數企業設定不切實際的銷售目標，但是這樣做不會讓他們得償所願，反而是在過程中犧牲掉自己的公信力。

幾乎在每一個我教過的班級，我都會看到類似狀況。就拿最近一個例子來說，有個學生珍妮要賣的是保健飲品，她把價格訂在每盎司四美元，但是資料顯示，每盎司最多只能賣兩美元。

我問她為什麼要這樣做，她說，「買家代表的是一家製藥公司。」

這個回答我沒有聽懂，所以我要求她解釋清楚。

她說，「我在製藥業工作，我知道他們很有錢。」無論是哪個性別及年紀的學生，我聽過許多像這樣非常危險的假定。毫無疑問地，珍妮的策略不會奏效。事實上，因為她的價格比買家能夠付的（或是打算付的）超出太多，她差點完全談不成。雖然最後她以每盎司一．五美元賣出，但是因為之前開價太高，使她的公信力大受打擊。

問題出在，珍妮沒有想清楚**如何**開價。她知道她希望的價格，但是無法有邏輯地解釋原因。如果買家問「為什麼是四美元？」珍妮別無辦法，只能說「因為我認為你付得起。」這樣結果當然不好。若你的開價合理而且有正當性，就不會激怒對方。但是如果你的開價沒有道理，你就會冒犯到對方。

這個問題也幾乎在所有班級上都會發生。儘管練習的要點可能不同、學生的經驗也相異，但共同點是，當我要求學生解釋為什麼是這個開價，他們的回答差不多都是「因為我認為我可以談到這個價格。」然而，他們忽略了**如何談**。

超越牢籠，爭取更多

到目前為止的各章只涵蓋了「是什麼阻礙我們談判」這個問題的一半，還有很多部分沒有討論到。比方說，你了解你的談判對象嗎？如何才能獲取更多資訊？面對雙方的歧見差異，你要如何做，才能視其為待解決的問題而不是必須贏的戰役？該如何找到並持續握有談判籌碼？你可以問自己這些問題，還有其他我們會在本書第二部分討論的問題。但是，只有當你清楚「你是誰」以及「你的立場是什麼」，你才可以抬頭看向談判桌另一邊。

對我來說，在談判中跟對手達成協議是重要的一步，但是那並不代表談判結束。因為首先，一旦雙方共同找到解決方案，你就開拓了未來合作的可能性。你建立了一段關係，雙方平起平坐、共享願景。在這之後每一場對話都會比較容易，因為你們建立了信任。從這個角度來看，你就能說，「讓我們退後一步。我們是不是可以談成更好的條件？」從這裡開始，你得到的就不只是Yes而已。

PART
II

決勝新思維

我的人生一大發現是，

你想去哪裡，都能去得到，

只要你是真的想去。

——美國詩人藍斯頓・休斯（Langston Hughes）

第5章
開放心態的力量

抱持開放的心態，以及認知到凡事都有一體兩面，是很重要的。但是，對於這個觀念，我們都是光說不練。我們從小被灌輸的道德觀是小說《梅崗城故事》裡的亞惕・芬奇（Atticus Finch）所說的：「直到你能從他人的觀點來考慮事情，否則你不會真正了解這個人。」但是，我們沒有付諸行動。最近有個研究訪問兩百〇二個美國人對同性婚姻的看法，然後研究者給予兩個選擇：受訪者讀完幾項與自己立場相同的陳述，回答一些問題，可得到七美元；或是，受訪者讀完幾項與自己立場相反的陳述，回答一些問題，可得到十美元。這個研究並沒有要求任何受試者改變自己的看法，而且兩項測試的所需時間相同。結果，支持同性婚姻的受試者中，有六四％選擇拿比較少錢、因此不必去閱讀反面意見；反對同性婚姻的受試者中，則有六一％是如此。研究顯示，我們似乎就是不想聽到另一方的故事。[1]

要做到心態開放，首先也是最重要的是，你要有好奇心。你必須問問題，不只是問對手的問題，還要問關於你自己的問題。因此，你需要保持真誠，而且真心想要知道更多。再來，你也需要問「為什麼」，並且要有紀律、有足夠耐心來消化你得到的答案。不管是問題如「為什麼我爸爸這麼愛控制人？」還是「為什麼她想買這輛車？」你都必須敏銳警覺到自己的偏見，而且知道自己一定會有偏見。而且，即使你個性內向，真心不喜歡人際互動，你也需要具備溝通技巧，並且願意有技巧地問這些問題。所以，儘管知道應該秉持開放心胸去談判，但要落實卻相當困難。

利益vs立場：談判最重要的原則

在你跟談判對手接觸之前，首先你必須內省，而這個步驟就需要問相當多問題。比方說，你**真正**想要的是什麼？你的**利益**是什麼？別以為你已經很清楚這些問題。

在每一場談判中，最重要的就是利益和立場，以及釐清兩者之間的差異。這是一個很微妙的主題，不過我是這樣想的：當你用 Google 地圖（或是任何導航應用程式），你首先會輸入想要去的目的地，再輸入自己的位置。接著，Google 地圖會根據你是開車、坐大眾運輸工具，或是走路，告訴你幾條不同路線。這些路線或交通方式都能讓你抵達目的地。而在談判中，你的利益就是目的地（理想的談判結果），而所有前往目的地的路線，就是你的談判立場。

換句話說，你會進入一場談判，最開始就是為了你的利益，這是你上談判桌的動機。所謂的利益指的是你背後隱藏的需求、願望、恐懼或渴望，但這些不一定完全跟你的對手相左。而你的立場則是，所有可能達到利益的方式。很多人常常會把立場和利益混為一談，畢竟相較於利益，立場更容易理解與傳達。例如，你要跟一個長期合作而且高價值的客戶談一份新契約，但你公司營運的成本逐年增加，所以你想要談成一個更大的合約。在跟客戶見面開會時，你可能以為，自己在這場談判中的利益是，從新契約裡拿到更多錢。但是，把你帶到談判桌上的，很少僅是因為錢而已。你當然想談成金額更大的合約，但是你**真正**希望以及**必須**要的是，與這個客戶維持關係。畢竟，你無法承擔損失一個主要往來客戶的後果。這個客戶的需求穩定、付款準時，讓你有經濟安全感。因此，得到更多資金挹注並不是最重要的，維繫彼此的關係才是。一旦你花時間準備，你就會明白到這一點。

如果你在與對方談話之前深入了解你的利益，仔細思考最初是什麼帶你進入這場談判，那麼你就會知道，雖然你想要得到更多報酬，但其實還有很多方法可以讓你得到自己真正想要的，像是與一個好客戶維持長久穩定的關係。在準備過程中，你可以思考各種符合你需求的情境。比方說，也許你可以建議這位客戶簽下多年合約，讓你的工作穩定性更高。或是爭取更好的付款條件，令你的現金流更充足。上述選項都能實現你的利益，滿足你立即的資金需求，也讓你握有各種可能性，向客戶提出他們也適用的方案。

或是，假設你的思考只停留在表層，因此把會議重點放在獲得一筆數額更大的合約，而且你心中已有個數字。雙方坐下來談時，你要求對方付更多錢，結果客戶拒絕。那麼，接下來你要怎麼辦？你沒有考慮過任何替代方案，所以若對方不同意跟你簽一份更大的合約，你也無法提出備案。對方告訴你，他們沒有編列這麼大筆的預算，在這種情況下，就是以**拒絕**作收，因為你無法提出其他可行、雙方都同意的解決方案。你的思維受限，這場談判走入死胡同。

第三章我寫到紹熙的故事，她的求職談判就是經歷了上述過程。一開始，她想要求更高的薪水，但是她停下來問自己真正的渴望是什麼。她從全方位角度切入，發現有三大因素牽涉其中，分別是：底薪、入職獎金、福利。那麼，哪一項對她最有利？為什麼？她深入思考自己的需求和願望，最後發現自己真正關切的利益是：她想要公司補償她離開上一個工作的違約金。這給了她許多空間去談判。紹熙可以用很多方式來實現這項利益，而且是跟未來的雇主攜手完成。

現在，我們來思考更切身的案例，這是大部分有孩子的夫妻一定都會碰到的。一對父母正在協商，誰要在尖峰時間去安親班接女兒回家。媽媽心想，「討厭，輪到他了吧，他必須去接。我沒有時間，我有很多工作要做。這裡有一大堆事情該處理，但不包含塞在車陣中！」我們想像爸爸的思路大概也跟媽媽類似。如果他們談判之前，沒有先對自己提問，也不了解自己的利益所在，雙方很可能會因此大吵一架。

媽媽的立場是那天她不想負擔接送職責。但是她的利益比較微妙，她真正想要的是，減少疲勞與崩潰感，以及感受到先生的支持。爸爸那天則是有工作專案即將截止，如果提早下班會很難趕上。他的立場也是那天他不想負擔接送職責，但他的利益是想要有足夠時間完成工作。然而，如果兩人都沒有想清楚自己的利益到底是什麼，他們就看不到其實有許多可行的立場。比方說，媽媽可以同意接女兒，因為爸爸有工作期限要趕，但是為了減去媽媽的疲累感，她可以要求爸爸分擔一些家務，或是在那一週由爸爸每隔一天去接小孩。爸爸可能想到他朋友的小孩也在同一個營隊，這樣就可以安排共乘。但是，如果父母雙方沒有找出彼此真正的利益是什麼，就不可能達到這個結果。

當你很清楚究竟是什麼在導引你，你就可以把好奇心轉向你的談判對象。想一想，對方的利益是什麼？你可能毫無頭緒，所以你得仔細地推敲一下。然後，在彼此談話中對你的推測做壓力測試。不過首先，你必須掌握資訊，據此作出合理推測。

因此，你要收集情報，把自己當偵探，並盡可能地掌握對手的蛛絲馬跡。我的學生瑪麗艾倫的行銷公司，過去幾年的營收增加了四〇%。她將部分原因歸功於，她現在花比較多時間在收集情報，了解對手的可能利益。她解釋道，雖然開會時有很多細節她無法控制，但是她說，「我可以掌握的是，自己有多了解要見的人，以及對方需要什麼。我並不需要特別聰明，或是擁有特殊技能，只需要去查一下對方的領英（LinkedIn）檔案，事前詢問對方是否有什麼文件要讓我在會議之前看過，或是先上網查他們做過什麼計畫。這不是什麼祕密技能，只需要時間。」

然而另一方面，在抱著好奇心收集對手情報的同時，事情可能會變得特別棘手。因為在準備階段以及正式談判時，你還得小心提防偏見。偏見有許多形式，可能會讓你想錯方向，進而破壞談判。為了避免你以為自己沒有偏見，接下來我要告訴你，事情並非你以為的那樣。

如何克服偏見陷阱？

我們常常以為我們往來、管理、交友、雇用，或是做生意的對象，想法跟自己相似。在準備談判時，我們把**自己**覺得重要的訊息納入考量，並且假定那對我們的對手也是重要的。但是，為了有效談判，你必須質疑任何你可能有的偏見，這表示，你不能理所當然地認為自己思維的起點是正確的。

讓我們來思考一下「**公平**」這個詞。一直有學生告訴我，他們只是想做到公平，或是某某人在談判時不公平。但是，每個人對「公平」的見解都不同。要達成共識並不容易，因為我們都是根據自己的價值觀、經驗，還有最關鍵的文化背景來做出假設。比方說，美國人認為，在餐廳吃飯時有免費招待的白開水是應該的，但是在許多歐洲國家，這種設想並不合理。或者是，某些家庭覺得，誰準備菜餚招待客人，誰就要在餐宴之後洗碗。但是，對其他家庭來說，這似乎不妥當。由於每個人的年紀、種族、性別、教育、社經地位不同，自然價值觀也不一樣。所以「公平」可能是個危險的詞，像是：對誰來說公平？用什麼標準來看是公平？隨著每個人的價值觀不同，衡量公平的方式也必定不同。如果你想喚起對方的公平意識，那麼很重要的是，你需要換位思考，才能真正了解**對方**認定的公平是什麼。這完全取決於你看事情的角度。

我的課堂上有一個練習活動，每一組同學可以使用一具救命用的血液透析機，但是組員必須決定要用在哪個病患身上，候選名單有照顧一大家子的母親、救人的醫生、提供當地工作機會的重要雇主、年紀尚輕還有大把歲月的小孩。這一題幾乎每次都能引起熱烈討論，尤其是最近一堂談判課，學生對於什麼是公平、什麼不是，討論得非常激昂，占掉兩節課的時間。問題在於，針對什麼是「公平」，班上有四十八個學生，就有四十八種見解。而談出最理想成果的小組，他們的做法是設定一個衡量標準，也就是選擇的條件。像是：如何評估要選誰，是根據這個病人在社會上的價值嗎？如何照顧收治病人，是看年紀，還是別的條件？一旦組員能夠建立起這些規範，他們就能據此評估每一個需要用這具機器的病患。儘管要協調出一個大家都同意的衡量指標，還是很困難，但這最接近解決方案。

我無意要抵制「公平」一詞，但是為了明智使用這個詞，我鼓勵你問一個問題：「公平對你來說代表什麼？」在談判中，話語是有影響力的。你必須眼光敏銳、有條有理，而使用「公平」這個字眼，並無法讓你做到上述兩點。

凡是有兄弟姊妹的年幼孩子都會說，「她有可是我沒有，這不公平！」但是這句話到底是什麼意思？每次我爸媽不管做什麼，我姊姊經常因為我最年幼最受寵而抱怨「不公平」。但是從我的觀點看來，她得到的待遇比我好多了，因為她只有爸媽管她，而我有爸爸、媽媽、姊姊還有哥哥來管我，等於我有四個家長，那讓我感覺不公平。但是，她怎麼會理解我的論據呢？她有她的經驗，我有我的。如果我們老是爭論什麼才是公平，任何事都做不成。

我們**所有人**都會有這種錯誤的成見，而這可能是肇因於種族刻板印象，像電影《黑色黨徒》（*BlacKkKlansman*）及《抱歉打擾你》（*Sorry to Bother You*），就有討論到這個主題。在《抱歉打擾你》中，主角是個非裔美國人，但他需要改用「白人」的腔調講電話。明明說的字句相同，但是通話者的感受卻大大不同。錯誤的偏見讓我們假設，機師是男的、護士是女的。我們的想法是約定俗成的結果，而在發現自己想法錯誤時，我們仍會覺得驚訝。雖然我自己在教這些東西，但是我還是會妄下論斷！最近有一次，我在看一件投資型房地產，我跟屋主約在屋前見面。有個人出現了，外表看起來沒有梳洗，他穿著破舊的衣服，頭髮亂得像愛因斯坦，我正在想應該給他一點錢，但是他伸出手來要跟我握手。「嗨，我是傑克。」他說自己是屋主。我心想：等等。什麼！你是屋主？過了好一會兒我才說得出話來，但是我暗自發誓，一定要更提防自己的偏見。

珍妮佛．艾伯赫德（Jennifer Eberhardt）研究偏見多年，她是麥克阿瑟獎得主（MacArthur Genius Grant），並出版了一本非常精彩的專書。她小時候住在非裔美國人社區，後來搬到白人社區時，她注意到新社區的學校比較好，資源也比較多。同時，她也觀察到，新交到的白人朋友都長得很像，外型像到她幾乎分辨不出誰是誰。從此，她對偏見這個主題產生興趣，一生都在研究人們如何受偏見影響，以及該如何對付偏見。而她也發現，自己童年的反應很常見。艾伯赫德寫道，「有句很惹人厭的話是：『他們看起來都一樣』，大家一直以為只有偏執狂才會這樣講。但是其實那是生物學和曝光效應的作用，我們的大腦比較能處理熟悉的臉孔。」[2]

艾伯赫德研究了壓力如何引發偏見，她和警察部門密切合作來檢視這個議題。她說，即使警察能察覺到自己的偏見，但當警察處在緊張、被威脅，或是必須快速做決定的狀況下，還是會促發偏見。「我們一直處在不斷被外界刺激轟炸的情況下，無法完全消化這些外界刺激。此外，我們會根據目標和期待來做出選擇，決定該去處理或不去處理什麼，而這些決定通常是無意識的。」[3]所以，有一個辦法可以消弭偏見，那就是盡可能慢下來。艾伯赫德在美國公共廣播電台節目談到她和加州奧克蘭警察局的合作成果，「他們決定改變警察徒步追捕政策。也就是說，與其去追某個人，改成設下一個圍捕範圍，然後尋求警力支援。」[4]

那麼，在不那麼人命關天的商務談判領域中，狀況是如何呢？研究者將人大腦的運作方式區分成兩種，分別稱為「系統一」和「系統二」。系統一代表的是快速且基於直覺的思考；系統二則是緩慢且有意識的思考。（若想了解更多，康納曼的《快思慢想》是本很棒的讀物。）在談判中（尤其是後果比小孩能不能拿第二片餅乾更嚴重的談判），消除偏見的關鍵在於，使用系統二思考。你必須全神貫注、靜下心來思考。你可以想一想，在會員預先購買渡假村住宿權的買賣中，為什麼賣方會堅持要當天就得到答案，因為他們知道這樣做可以讓買方處在系統一思考。最後，艾伯赫德要我們注意，偏見不是一種特質，而是一種狀態，所以你要時時留意自己的狀態。

如果你在一場困難的對話或談判之前，試著想像對手的利益，你可能就會向其他人尋求建議或諮詢，好讓你事先預想可能的反應，而這些也許是你始料未及的。但是，如果你只是向同溫層尋求建議，你會很容易受到驗證性偏誤（confirmation bias）的影響，而變得更堅守自己的想法。因此，當談判中出現一個你未曾想過的觀點，你會手足無措。所以，你在尋求意見時，必須刻意去找會挑戰你想法的人，設法找出其他觀點。同時，對抗狹隘的思維。比方說，美國公共廣播電台節目《市場動態》（*Marketplace*）主持人凱・瑞斯達（Kai Ryssdal）曾詢問一組進步派人士，有多少人會去聽保守派的羅須・林伯（Rush Limbaugh）的節目，或是偶爾看一下福斯新聞，結果沒有人舉手。他當場訓斥這些群眾說，他們的責任是聆聽並了解另一方的意見，而非只是跟同溫層說話。當然，這樣做會令你不舒服，但是對任何談判來說，這都是必要的。

在我擔任顧問的專案中，有些是談如何創造更多元包容的組織，以留住頂尖人才、讓員工更加投入、驅動創新能力、改善整體企業成果。多元包容的工作環境和談判之間的連結可能不是很明顯，但是我談的是同樣的特點，並且鼓勵人們運用相同的技巧，其中最首要的就是抵抗驗證性偏誤。如果組織中只有同一種類型的人在做決策，那麼這個組織的績效也不會太好。

我們不是為了利他或是政治正確，才講求多元化（雖然這些都是很棒的好處）。事實上，訴求多元是項聰明的策略，因為我們了解到：多元化是公司維持競爭力的必備因素。研究顯示，團隊決策的績效比單獨決策者高六六％，如果你的團隊組成更多元，成員包括不同的年紀、性別及地域，這個比率會增加到八七％。[5] 麥肯錫管理顧問公司二〇一五年有一份報告指出，管理階層族裔最多元的公司，財務報酬更高的比率高出三五％。《哈佛商業評論》有篇文章指出，「近幾年不少研究顯示，員工多樣化有另一個更微妙的好處：異質性的團隊就是更聰明。」[6]

某些組織特別重視多元及包容文化，例如勤業眾信（Deloitte）以及NFL。若你看過一則引起軒然大波的百事可樂廣告，那麼你就會知道，讓會議桌上出現多元聲音，是很有道理的法則。在那則廣告中，實境秀明星及模特兒坎道．珍娜

（Kendall Jenner）即興加入一場抗議遊行，從一個塞得滿滿的冰桶裡抓了一瓶百事可樂，投入這場看起來不像社運而像狂歡的活動，接著她遞了一罐百事可樂給拒馬前排的警察。這則廣告引起社會譁然，因為它實在是太白目了。這則廣告完全沒有反映或彰顯出，美國抗議活動的本質及犧牲。百事可樂立刻撤下廣告，並發表道歉聲明，「百事可樂試圖傳達一個全球團結、和平、理解的訊息。但顯然我們沒有做到，我們為此道歉。」而時尚品牌 Gucci 及 H&M 近來也都挑動了種族敏感神經。Gucci 的爭議是，他們行銷一件黑色高領羊毛衣，這件毛衣的領子可以拉起、遮住半臉，但看起來就像是歧視黑人的塗黑臉（blackface）。而 H&M 的廣告則是有一張照片是非裔美國小孩穿著一件運動棉衫，衣服上的字是「叢林裡最酷的猴子」（Coolest monkey in the jungle）。無論是在大學、娛樂業、銀行，還是藝文產業，多元及包容的問題無所不在。這些產業裡的決策層級缺乏多元代表，因此讓偏見一直存在。在時尚產業的例子中，他們沒有仔細審查這些衣服的設計，決策會議室裡沒有對的人在場，指出這些服裝設計有多麼冒犯人。[7]

這是怎麼發生的呢？還記得我在本章開頭所引用的研究指出，人們寧願拿比較少錢也不願意去看另一方的觀點。參與者不想聽到相反意見，而且覺得這樣會「造成認知失調」，也就是同時持有兩種對立觀點導致心理不適。[8]但事實是，如果我們不去挑戰自己，我們就不會是堅實的談判者。

知己知彼，贏得人心

在完成所有談判前置作業後，就到了與對手面對面的時刻。這個階段你會跟對方交換資訊，而不是直接討價還價，就算是在電話中談也不是如此。交換資訊需要的是花時間去認識彼此。你很可能會因為對這個人的了解，而影響了你談判的方式。也就是說，你必須放下你本來預備的腳本。這個原則就跟做科學實驗一樣：提出假設、測試它，然後調整。就算你發現自己的假定是錯的，也不需要捨棄目標。相反地，你應該採取不同方法來達到目標，或是調整你的目標，以反映出交涉中所取得的新資訊。例如，你想給小孩買玩具，在走進玩具店之前，你發現這個玩具比你本來預期的更搶手。你的利益還是一樣，那就是你想要買下那個玩具，但是你現在更清楚這個玩具是限量供應，所以必須更靈活運用你的預算，或是在二手市場找找看。這有點像是開車上高速公路之後才發現出口關閉了。你還是為自己想要的結果而努力，但是你保持彈性，知道有其他路線可以到達目的地，甚至可能會驚訝發現有一條更好的路線。

請讓自己一直處在「尋找事實」的模式，而不是被腳本綁住。要保持好奇心，而不是尋求確定感。俄國作家托爾斯泰在《天國存於你心》（*The Kingdom of God Is Within You*）寫道，「再困難的主題，也能解釋給最不靈光的人聽，只要他心中還沒有定見。但是，再簡單的事，也無法讓最聰明的人明白，如果他堅信自己已經知道，而且對眼前的事沒有一絲一毫懷疑。」

而交換資訊包含提出問題、對你的對手展現真誠的興趣，並創造更自在的關係，讓雙方感到放鬆。我總認為，在提出最初條件之前的資訊交換是很「純粹」的。因為你是單純對對方感到好奇，並想要更認識他們，以及了解所有可能會影響協定的事情。交換資訊需要時間，所以你要慢慢來。在正式協商之前，你了解得愈多，談判思維就愈縝密，也愈可能達成談判共識（因為你已經了解彼此的利益），因而避免了令人措手不及的脫序情況。換句話說，在談最初條件的時候，你已經完成大部分的工作。但是，我們不該在某方開出條件後就停止交換資訊。請不要放棄了解更多的機會。不過，在提出條件之後，這種認識就不是那麼純粹了，因為你心裡已有了既定條件作為討論的背景。

即使你也認為花時間交換資訊很值得且有理，但真正的挑戰才剛開始。「交換資訊」涉及談話的藝術，並不容易。如果你做得不正確，對手可能會覺得被訊問或是像工作面試。相反地，你愈投入談話、提出愈多開放式問題，就愈能建立真誠的連結。你不能心想：好，我現在必須花幾分鐘閒聊無足輕重的事，然後我們就能進入正題。當你愈擅長交流，你就愈不會認為那無足輕重。廣播節目《新鮮空氣》（*Fresh Air*）的主持人泰瑞．葛羅斯（Terry Gross），正是因談話技巧超群而成就她精彩的主持事業，她曾在《紐約時報》訪問中說，「談談你自己吧。」[9]這可能是所有談話中最有力量的開場白。這句話並沒有預設立場，但像「你做什麼工作？」就有。「談談你自己」這個說法能讓對方以他想要的方式來展開對話。而且，所有人都喜歡談論自己！

不要讓對方覺得，你提問是為了操控他們。你必須展現真誠的好奇心。如果你問一個問題，即使是非常基本的如「去年夏天你去哪裡度假？」你也必須仔細聽答案。此外，不要問對你沒有意義的問題。人際關係學大師卡內基（Dale Carnegie）寫道，「欣賞和諂媚的差異是什麼？很簡單：一個真誠，一個不真誠。一個發自內心，一個嘴上功夫。一個無私，一個自私。一個廣受讚美，一個遭人唾棄。」[10]

如果上述理由還是讓你侷促不安，因為你很討厭閒聊，我能理解，因為我也是。我是個內向的人。我參加各種宴會時，看著一屋子陌生人，我第一個想法就是掏出手機，查看郵件、體育競賽比數或是新聞，反正我就是不想跟人聊天。

但是，我不是建議你強迫自己變成外向的人。如果我突然使出渾身解數要在陌生人宴會中成為眾所矚目的焦點，那樣感覺會很狡詐。我的做法是，展現出自己真誠的好奇心。我注意到，當我決定先發揮自己的好奇心，然後再回到自己的小角落追球賽比分和新聞，神奇的事情發生了。舉例來說，我看到一個跟我沒有什麼共通點的女士，但是她穿了一雙美翻天的鞋子。我招認我是個愛鞋狂，所以我是真誠地和她聊那雙鞋子。我可以找到自己真心有興趣的話題，並出於好奇心與人交談。而且，令人驚嘆的是，當我這樣做，往往能自在地延續對話，並學到更多。

羅徹斯特大學有一個研究主題是好奇心對人際關係的影響。這個研究將參與者配對，在雙方交談之前先測量其好奇心程度。配對交談的兩個人，有的被分配到閒談，有的則是親密對話。結果顯示，好奇心不重的人在親密情境中會覺得與夥伴較親近，但是在閒談的狀況下則不然。另一方面，有高度好奇心的人，無論談話本質是什麼，都覺得與夥伴相當親近。[11]簡而言之，有好奇心的人更能與人連結。有高度好奇心的人，與交談夥伴的關係更緊密，自然就會更了解關於對方的事物，並構想出更具創造性的解決方案。

我的學生、雙語鳥創辦人莎拉曾經非常恐懼談判。後來她理解到，她其實喜歡跟人見面，也喜歡聽到別人的故事，如果她能聚焦在這一點，她就會期待與人見面商談。你可能會記得莎拉是猶太、墨西哥、伊朗混血，她能說四種語言，而她創辦事業就是為了協助孩子欣賞其他文化。

莎拉說，「我是真的對人非常有興趣。」所以她很自然就能問問題。「我會問，『你在這裡工作多久了呢？我看到你的姓氏是馬丁尼茲，你會說西班牙語嗎？聊聊這個吧。』對方會跟我說他們的故事，聊他們自己、他們的家庭，以及他們來自哪裡。其實，每個人某個程度上都是個移民。」

而莎拉會從對方的文化背景切入，來展開話題。例如，她跟出身中東的人談判時，她會讓交涉顯得有濃濃的人情味。「我試著讓對話成為一段經驗。例如在伊朗文化，你去別人家，他們會鋪紅毯迎接你。他們不會只給你三樣食物，而是會找人來為你**演唱**助興。所以，我試著重新創造出這種文化氛圍。我會說，『我來泡茶，我們好好聊一聊。』」她展現自己與人連結的一面。

她說自己首重收集資訊，「這是有道理的。因為，第一，這是真誠的；第二，大家都喜歡；第三，我喜歡。即使我沒有談成約定，我還是會覺得自己學到很多。」

莎拉充滿好奇心，而她並不因此害臊。有好奇心的談判者會注意到每一件事，他們對待談判就像侍酒師面對酒一樣。侍酒師不會只運用一種感官，也不會只是問客人「要白酒還是紅酒？」侍酒師會花時間慢慢探索，思考餐酒搭配及考慮其推薦酒飲的製作流程。因此，你應該仔細聆聽以了解對方，而不是驗證你的假設。正如達賴喇嘛所說，「當你說話，你只是重複著你已經知道的事。但是當你聆聽，你可能會學到新的事物。」

如何與家人好好談判？

家庭成員之間特別容易忽略交換資訊，因為我們認為自己對家務事無所不知。但是並非總是如此，事實上，**經常**不是如此。我的朋友愛瑪告訴我，與另一半交換資訊大幅改善了她的婚姻狀況。她和丈夫長期以來對如何管教孩子一直有歧見。她覺得丈夫太過寬大，而丈夫則認為她太嚴格。每次愛瑪提高聲量對孩子說話時，丈夫會恐慌，如果她進一步說要揍人了，他會更加焦急。在愛瑪的原生家庭，打孩子是可以接受的管教方式。她父母並沒有很常打孩子，但她父母認為，如果孩子的犯行嚴重（例如不尊重），那麼責打是適當的處罰方式，而愛瑪也贊同這一點。她和丈夫一直為此爭執不下，直到她決定在下次與丈夫溝通管教方式時，發揮好奇心。她不跟他爭吵雙方的真實感受，而是想要了解**為什麼**兩人的感受不同。她問他一個又一個問題。像是，丈夫是在什麼價值觀裡長大，讓他產生如此強烈的感受？他們花了不少時間談論這件事，他才揭露自己小時候曾經受虐。她跟丈夫在一起超過十年，但她從來不知道這件事。現在她知道了，這改變了一切，也使他們更加親近，更讓夫妻倆能從新的角度來看待爭吵不休的事。

我的朋友瓊安，某天早上運動完回家之後看到水槽裡堆滿碗盤，洗碗機是空的，而丈夫在樓上用電腦。瓊安打電話給我大發牢騷。由於當天稍早她和丈夫都趕著出門，所以家裡請來一個看狗的幫手。她猜丈夫可能是想把清潔碗盤的事交給看狗的女孩來做，但她認為丈夫此舉是消極抗議她出門運動。她一邊把碗盤丟進洗碗機，一邊生氣地在電話裡說，她準備要去把丈夫的頭咬下來了。一場談判正在醞釀，而且後果可能會很難看。所以我鼓勵瓊安去設想，若這是一場專業談判，她會怎麼做。因此首先，她得展現她的好奇心。她應該不帶控訴地詢問丈夫「為什麼沒有把碗盤放進洗碗機？」她應該不帶評斷、真正有意願去了解丈夫的思考過程。

瓊安接受了我的建議，她沒有發動一連串控訴，而是以不衝撞的態度詢問丈夫，並且願意聆聽。她問丈夫，他那時候在做什麼？他有去廚房嗎？結果是，當時他正在處理一筆緊急的房屋貸款。他有看到碗盤沒清理，但是他並沒有期待瓊安去做那件事，而是想著讓看狗的女孩來做也不為過，因為他們給她的時薪很不錯，而那個女孩的工作只不過是在那幾天為他們抱抱狗。

不過，雙方還是有歧見的。瓊安覺得碗盤應該要在他們離家前放進洗碗機，但是丈夫不認同。不過，現在他們找出各自的利益所在，於是對話可以專注在眼前真正的問題，像是：對於看狗的幫手，怎樣才是合理的期待？

還有一個類似的案例。詹姆斯和妻子正在看房子，他們找不到雙方都中意的地點。而且每次在討論不同房子時，他們就會開始吵架。詹姆斯解釋，「我很常出差，所以房子對我來說不是很重要。我在乎的是最後要花多少錢。」妻子則是在家照顧孩子，她注重的是什麼地點對孩子比較好，孩子可以去哪裡玩、社區環境怎麼樣。「她找到的地方都超過預算，我找的地點則不符合她的需求。我們彼此抗拒著。」詹姆斯決定把重點放在好奇心，這樣一來，雙方對談順利多了。「我們某天在討論另一個房子。我放下無視對方的心態，而是清楚表達了自己為什麼不喜歡它。然後我太太說她很在乎環境，原因也都說了，而且她願意犧牲別的條件來換取社區環境。由於我們跟對方解釋了自己真正的需求，而不是只說『我要這個、她要那個』，所以雙方願意折衷。我們了解對方的想法，而且我們希望對方高興，因為我們相愛。」那天晚上就寢前，詹姆斯的妻子說，「這是這些日子以來，我們最棒的一次談話。」

關於家人之間怎麼做到坦誠以待，我最後要講的故事也是我最喜歡的。以前我教過的學生麥可處在一個非常尷尬的狀況，他太太要他跟岳父談一件很複雜、陷入僵局的家族事務。麥可提醒他太太，「我是上過談判課，但我是個整脊師。我不確定能做到什麼。」不過他還是同意去試試看。

他們的處境可以說是相當棘手。整件事的起因是麥可和太太蘇珊想在舊金山買房子，麥可的岳父傑克同意出資一半，條件是要將這個房子交付信託，由孫子來繼承。麥可和蘇珊同意。他們買了房子之後，請了一個律師辦理信託事宜。岳父傑克要求看信託條款，結果他很不滿自己不是**唯**一的受託人，這樣他要怎麼百分之百確保麥可不會拿了錢跑掉？但要知道的是，傑克從小看著麥可長大，麥可已經跟傑克的女兒結縭十五年，夫妻倆有三個小孩，婚姻很穩固，而且傑克跟麥可的關係也很好。所以岳父傑克的要求並不合理，而且也侮辱人。如果麥可和蘇珊離婚，岳父會要求麥可繼續付貸款，但是不能住在那裡。可是由於貸款金額很高，麥可不可能買得起其他房子。父女倆為這件事情已經不知道吵過多少次，但是父女之間怎麼吵都沒有結果，所以麥可只好介入。

麥可說，「我知道我不能從『這是岳父送給我的』角度切入。」但他也不必覺得岳父要傷害他。「我必須這樣切入：『這是某個人要跟我一起買房子，我們要怎麼妥善辦好這件事？』」最後，麥可和傑克終於在蘇珊和麥可的岳母面前，好好談談。岳父以為麥可會跟蘇珊之前一樣情緒化。麥可說，「我想岳父準備好要說『我愛你就像愛自己的兒子一樣，但是這件事要公事公辦。』」不過，傑克完全不需要這樣說，因為麥可並沒有不高興。他很冷靜、發揮好奇心，專注在理解岳父的想法，像是：為什麼岳父想要這樣做，這個男人的利益是什麼？

「難道傑克想當壞人嗎？」麥可自問。「不是的。他有一個特定利益，但事情發展不符他的預期。對這個男人來說，金錢為王，錢就是一切。這跟我的原生家庭很不一樣。我媽在我們婚禮那天給我一張支票，就這樣，什麼都沒問。她想送我一個禮物，她就送一個禮物。但是傑克不一樣。所以我得要從這個觀點切入：『為什麼你想要這樣？你的考量是什麼？你擔心我會做出什麼？』」

他問了這些問題，而傑克的回答是，「我擔心如果你們離婚，房子賣掉，你會用那筆錢犒賞自己。」

「好。」麥可說。他仍然沒有被這句話裡的迂迴暗示給影響。「那如果真的因為離婚而賣掉房子，但賣屋所得還是歸小孩所有呢？」

傑克同意這個安排解決了他大部分的恐懼，但是他還是擔心麥可會捲款潛逃。但麥可對岳父說，每一件事都有風險，沒有什麼是零風險的。「我可以偷走那筆錢嗎？可以呀，但如果我那樣做，信託機構會追我討錢。就像我們沒辦法阻止謀殺案的發生，我們只能去抓兇手。」麥可協助岳父了解到他要求得太過頭了，他們找到共同立場，最後達成協議。

白金藍黑裙的觀點啟發

美國付費電視頻道 Showtime 有個令人難忘的影集《婚外情事》（*The Affair*），這齣連續劇從不同觀點探索一段婚外情。讓觀眾看見，面對同一段關係，不同角色的看法也各不相同。劇中沒有一個角色在說謊，但是都受到記憶偏誤的影響。每個人的經歷，就只是他們個人的經驗而已。例如，你可以看到有四個孩子的已婚父親諾亞的想法是，他覺得年輕的愛莉森賣弄風情，是她勾引他。觀眾也可以看到，愛莉森的想法截然不同，她認為是諾亞主動接近她。對觀眾來說，最精彩的是看到這些人即使交會，卻仍猜不透彼此。這齣戲劇所呈現的，在談判中也同樣適用。即使針對同一件事，你和對方的觀點也可能南轅北轍。幾年前，這個議題演變成全球百萬人熱議的話題。有一個婚禮賓客貼出一張照片，大家熱烈討論著照片中，新娘母親的禮服究竟是白金相間，還是黑藍相間。[12]科學家對於造成歧異的原因看法分歧，但是顯然每個人的視角不同才是問題核心。羅徹斯特大學的大腦及認知心理學副教授杜耶．塔定博士（Dr. Duje Tadin）指出，人類視網膜上有不同的光感受器，並告訴《紐約時報》，「這顯然與每個人對世界的認知不同有關。這張照片以一種引人注目的方式捕捉到這些差異。」

電視影集和社交媒體或許用獨特創意的手法，來呈現不同的觀點，不過這並非新鮮事。想想十九世紀哲學家威廉・詹姆斯（William James）所言：「兩個人見面，其實是六個人在場。每個人看到的是他自己、別人眼中的他，以及他真正的自己。」故事線無窮無盡。

那麼，想像一下，如果你並不堅持那是套藍黑相間的禮服，還能相信它也是白金相間的，那麼你會擁有多少力量。你可以從某一個觀點來建立論述，同時也能理解其他觀點。擁有這種能力，你就能進入談判對手的世界，讓你更容易談成合約、解決紛爭，甚至促進和平。擁有這種能力，你可以看到新的解決方案，得以寬厚待人。但是，這並不容易。

第6章
同理，雙贏談判的祕密武器

在盡力了解對手每一件事，並且開放心胸了解對方的觀點後，你還必須更進一步。你不能只是了解對方、問問題，還必須能從對方的觀點來看事情，這就是同理心。你必須像一個完全融入角色的演員，揣摩自己是對方，這樣一來，你不只是能理解對方的觀點，而且你會尊重它，即使你並不贊同。

說到同理心談判，曼德拉可能是當代最好的模範。他在被監禁時跟獄卒學習南非語（Afrikaans），[1]以便更了解他們。曼德拉被釋放之後當選為總統，前任總統克拉克（F. W. de Klerk）擔任副總統。有一次曼德拉在廣播上被聽眾以南非語痛

❶南非語，南非的歐洲移民後代所使用的語言。

罵，曼德拉說，「艾迪，我認為你是值得稱道的南非人。我敢肯定，若是我們坐下來交流觀點，我會更理解你，你也會更理解我。讓我們談一談，艾迪。」[1] 曼德拉被認為是「同理心之王」，而在他推動有效民主的過程中，同理心非常關鍵。

對於成功的談判者來說，同理心並不是一項「有也很好」的特質，而是「必備」特質。同理心是一個策略方法，讓你能了解你的對手，使你溝通更順暢。再說，如果你沒有真正了解對手的觀點，你怎麼會知道如何妥協？你怎麼會知道在哪裡讓步會讓對方很有感？同理心能緩解衝突、減輕緊張態勢，緩和一場可能會很火爆的會談。

著名的人質談判者傑克·坎伯里亞（Jack Cambria）認為，同理心是最關鍵的談判工具。[2] 這位退休的紐約市警局警官，一直有在訓練其他談判者，堪稱談判界的教父級人物。坎伯里亞對《華爾街日報》談到，他在挑選人質談判者時，對方必須「在人生中某個時候體會過愛，知道在愛裡受傷的感受。他必須明白何謂成功，但也許最重要的是，了解失敗的滋味。」挾持者會提出要求，但重點不是他們要求什麼，而是你是否有同理心，了解挾持者的情緒狀態，跟他們建立情感連結。挾持者會要求想要的事物，但是他們其實有更情感性且更深刻的需求。前ＦＢＩ主談判官加里．內斯納（Gary Noesner）回憶道，「在挾持者投降之後，我曾問他們，我說了哪一件事讓他們改變心意，他們全都回答，『我不知道你說了什麼，但是我喜歡你說話的方式。』我們的真心誠意、關切的語氣和動作，是最有力的工具。」

內斯納說ＦＢＩ在研究如何正向影響談判對象時，他們參考了羅伯特．席爾迪尼（Robert Cialdini）的文章和研究，尤其是他的書《影響力》（*Influence*），而這本書也是我的談判課教材。ＦＢＩ探員從書上學到，影響力是「建立關係、獲得信任，並對於對方的問題以及對方關心的事，展現真誠的興趣。我們學到，談判者必須不帶威脅、不作批判。」[3]

同理對方，就更能找到解決方案，即使找到的機會只大一些。美國前總統歐巴馬在出訪中東時，跟一群巴勒斯坦年輕人見面。據歐巴馬的助理羅德斯（Ben Rhodes）所說，巴勒斯坦青年表示他們有朋友被囚禁，而且行動自由受到限制。有一個年輕人對歐巴馬說，「總統先生，我們受到的待遇，就跟以前你們國家的黑人一樣。就在這裡，就在這個世紀，由你的政府資助，總統先生。」

不久後，歐巴馬在耶路撒冷一場會議裡發言。雖然歐巴馬準備了講稿，但是他突然停頓說，「我現在要跳脫講稿。我來這裡之前跟一群巴勒斯坦年輕人見面，他們年紀介於十五到二十二歲。我跟他們說話，他們其實沒有跟我女兒相差多少，也沒有跟你的女兒或兒子相差多少。我真心相信，如果任何以色列父母跟那些孩子坐下來談，他們會希望那些孩子成功。我希望那些孩子有前途。我希望他們跟我的小孩有一樣的機會。我相信以色列父母也會希望那些孩子圓夢，如果他們有機會去聽、去跟那些孩子說話。我相信這一點。」[4]雖然歐巴馬總統還是無法修補以色列和巴勒斯坦之間深深的裂痕，但是他可以鼓勵同理心，就像那名巴勒斯坦年輕人運用同理心對歐巴馬說話一樣。

親子、夫妻、職場：同理心如何化解衝突？

在政治和國際事務上，同理心很有價值，但即使小到私人領域，如兩個家庭成員之間，同理心也非常必要。例如，與孩子僵持不下的父母就可以運用同理心。我有個姪子非常喜歡電玩遊戲，但他身旁的大人都大力阻止他，要他別再「浪費」那麼多時間打電動。他們不曾停下來了解，他到底為什麼會花那麼多時間打電動，像是：電玩有什麼吸引力，能讓他感到如此興奮與投入？他周圍的大人包括我，應該試著站在他的立場了解，為什麼他覺得電玩值得花那麼多時間和精力。我們可能就會知道，他喜歡打電動是因為他可以跟最好的朋友一起玩，而跟朋友建立連結是他最重視的事情。我們或許還會了解到，他覺得自己是電玩好手，所以能從遊戲中得到成就感。其實我不確定我們是否真的了解他的動機。相反地，我們花了很多時間擔心他沉迷電玩，因此每次這個問題浮現時，我們就表現出不合理的保護或評斷態度。

這種衝突在我家並不是特例。由於父母擔心小孩而且經常覺得自己才是對的，所以就直接要求小孩不要那樣做。然而，這種方式通常不會有用，因為沒有展現出真正的同理心，也沒有機會從孩子的觀點來了解他的決定或行動。缺乏同理心，你看起來就是專制固執、動不動就處罰、不合情理。你築起一道溝通的壁壘，讓誤解永遠存在。

許多父母都曾跟吵鬧、不管是為了什麼原因要東西的小孩起衝突。然而，父母拒絕之前，可以停下來想一想孩子到底是怎麼了。比方說，那天孩子過得如何？他們的感受是什麼？他們真的是因為得不到想要的東西才哭鬧嗎？還是有其他因素？

不只父母能運用這個技巧，我發現它也非常適用於為人子女者。在第二章，我寫到自己跟父母的關係，並花了不少篇幅描述，我花了許多時間才分清楚父母的期望跟我真正的需求。我很氣我的父母，尤其是父親，因為他堅持我必須讀醫科，完全不顧我對行醫興趣缺缺（我猜我不是第一個有這種經驗的移民小孩）。有許多年，我都無法從他的角度看事情。不過後來，我漸漸能以真誠、同理的角度理解他的想法，但並不是因為他鉅細靡遺地解釋給我聽，而是我努力換位思考。我們全家離開伊朗時，我們等於拋開熟知的一切，拋開所有能定義我們的事物。我父親一直過著安穩踏實的生活，但在移民美國後，他變得孤立無援，生活不再安定。他從一個管理數千員工的製糖廠工程師，變成看管一家小商店。

從其他國家來到美國的人，對於美國是什麼樣子，腦中有百萬個想像。只說幾種就好：美國人教養孩子的方式不同，擁有的選擇自由令人不敢置信，有一句格言是「追求夢想！想做的就去做！」然而，對我爸爸來說，這種概念令他困惑且無疑非常可怕，他覺得他必須維持某種平衡。但是，怎麼做？他要怎麼確定他投注所有心力的對象（就是我！）能夠成功？這裡有太多未知事物，包括語言、文化以及社會價值，他如何確保我走在對的路上？為了保護我，他認為他能做的就是為我的人生寫下腳本，要我照著這個腳本走。

我父親給我壓力，要我走一條他認為會成功的事業途徑，這是他愛我的方式。每個人表達愛的方式不同，而每個人接受愛的方式也不同。我希望爸爸以不同方式愛我，能更多肢體表達、無盡包容且不帶批判。然而，儘管我沒有得到那種方式的愛，但並不表示他不愛我。雖然我不贊同父親的做法，但是我有辦法諒解他，關鍵就在於，我努力去了解他的世界與他的處世之道。

我的學生多姆告訴我，有一次我們課堂討論到同理心在談判中的重要性，當天傍晚他就有機會試試看。那天他是跟太太談判。由於多姆有一群朋友那晚要聚會，多姆也想去，但是他已經連續兩晚都外出應酬，留太太一人在家照顧小孩。夫妻倆對於他晚上要出門的事討論得不太愉快，多姆一直說他想去，太太則不斷拒絕。

然後他後退一步，試著發揮同理心。多姆明白，太太一個人照顧孩子很累，而她只是需要丈夫多一點的愛以及關注。多姆經營三份事業，總是日理萬機，而這顯然讓妻子覺得被忽略了。多姆後來發現，如果他能在太太的「情感帳戶」中存入感情存款，那麼無論他要求當天還是隔週晚上出門，都會比較順利。所以，他決定這樣做。

他對太太說，「妳說的沒錯。今晚我們一起過吧。妳想做什麼呢？要看電影還是做別的事？」他告訴太太，自己有多愛她、感激她，跟她在一起真的很美好。最重要的是，此話所言不假！他一直都這樣覺得，只是他現在更明白，太太需要聽到這些甜言蜜語。他知道如果太太「情感帳戶」的存款夠多，那麼她就有可能改變心意讓他跟朋友聚會。雖然他知道可能不會如願以償，不過他也很高興能待在家。過了一會兒，太太轉頭對他說，「你知道嗎？我覺得你應該出去跟朋友聚會。」

多姆很興奮，同理心真的有效，所以下次他就運用在工作談判上。他經營的其中一個公司是汽車修理廠，很大一部分的工作是要跟理賠人員協商維修報價。理賠人員的目標，正好就是不要對多姆這種公司讓步。換句話說，如果有哪個地方是同理心策略派不上用場的，那剛好就是這種情況。

多姆跟一個理賠人員談，多姆以前經常跟這個人起衝突。他來到多姆的店裡，皺著眉頭，一副到處都看不順眼的樣子。多姆心想，「好，來吧。」多姆攬著那人肩頭說，「老兄啊，我們不要每次都這樣。我們都是為了客戶好，應該可以好好合作的。」

理賠人員搖搖頭說，「不是啦，跟你無關。我今天很不順。」

「為什麼？」多姆問，「怎麼了？」

理賠人員拿出一張兒子的照片，解釋兒子剛剛發生一個嚴重意外。

「那你怎麼還在這？」多姆說，「回家去陪家人。我們明天再談沒關係。」

隔天那人來了，他說，「很感激你昨天幫忙。」

「我也有個兒子還小啊！」多姆說，「要是我也會這樣。」

接下來幾個小時兩個人談好報價，由於同理心讓他們能並肩作戰，他們達成雙方都滿意的協議。

我的學生約翰也有類似經驗。他來華頓上我的課時剛從軍中退役，由於從軍歷練，他有一套明確的談判倫理準則。雖然如此，他並沒有細想，同理心在談判所發揮的作用。後來，他開始把課堂所學運用在與妻子溝通上，畢業時，他太太特地找我說，這堂課讓他們的婚姻更加穩固。約翰解釋，他們會把對話重點放在「了解原因」。「雖然我們最後的立場還是不同。」他說，「不過我們會說，雖然我不贊同你，但至少我了解你的原因。這讓我們夫妻的溝通提升到另一個境界。」

約翰把這些技巧帶到他任職的私募基金公司，他的職責是處理棘手的債務。「如果我們公司借給某人一筆商業借款，而借款人的生意惡化，我們知道要找誰追擔保。」以他早先的心態，他可能會專注在數字，而不是去想數字背後的人。他發現許多公司老鳥都是抱持這種心態，而這些人都做得非常倦怠。「向對方說『嘿，你要付款，否則我們就收走你的東西』會比較容易。」不過，約翰說，雖然發揮同理心比較難，但是會得到更好的結果。「你會開始注意到這些企業背後的人和他們的家庭。這些企業主是想掙錢過日子，結果不順利，沒辦法償還債務。」他說當你展現惻隱之心，你會跟他們一起想辦法，找出影響他們還款能力的因素（例如健康危機）。「我們會發現原來某人生病了，生意因此一落千丈。但你沒辦法從幾百頁財務文件上看出這一點。當你能夠了解他們怎麼淪落到這個地步，事情通常會有比較好的結果，因為你讓他們一起來想辦法解決問題。沒有人一定是對的。」

被誤解的同理心

許多人認為，在談判中富含同理心是一個弱點，而不是一項資產。這些人認為你必須喜怒不形於色才能有效談判，否則你會傾向於讓步太多。我的學生經常因為展現同理心而感到抱歉，以為是同理心害他們談判不力。但這真是大錯特錯！事實上，富有同理心的人是最好的談判者，因為他們懂得換位思考，據此評估對方可能的需求。富有同理心的人是厲害的情蒐專家。

具有同理心的談判者唯一會出包的地方是，當他們太投入別人的感受，會越界把別人的問題當作自己的挑戰。多姆說，「同理心指的是盡可能跟別人一起合作，而傾盡自己的所有則叫做愚蠢。」我不會說這是愚蠢，但是如果我們不懂得抽離情緒，確實會陷入麻煩，如第二章提到的討好者艾蜜莉。當時他們夫妻要買二手車，但她想著，「噢，這個業務員好可憐，他跟女朋友約會快遲到了，我不能讓件事發生。」這種談判者沒有為自己的同理心劃下界線，而做出不利於自己的決策。另一方面，這類談判者也難以**自我**同理，上述兩種性格傾向密不可分。這類談判者把重心放在別人的需求和願望上，誤以為焦點不能放在自己身上，他們以為兩者是互斥的。這些談判者不了解的是，若沒有好好照顧自己，談判就不可能有成效。

我在經營健康照護諮詢事業時，深刻學習到這個教訓。當我們不得不裁員，那感覺真的很糟。我很能體會這些員工的失望之情，甚至因為擔心他們而失眠好幾晚。雖然我堅信同理心對於我嘗試建立的合作型文化是必要的，但是我做得太過頭了。我覺得自己有責任要解決這件事，因而一直拖延裁員，結果讓我們的財務狀況雪上加霜。我把員工的壓力，內化到自己身上。

許多老闆跟我有同樣經驗，我們都苦於同樣的問題：要怎樣才能關心員工，但又不會太過在乎，以致影響到自己的經營能力？我的學生索蒂雅就是這樣的老闆。她成立一家清潔公司，大部分員工的背景和索蒂雅的媽媽及祖母一樣，是單親媽媽、移民、沒有受過正規教育，經濟能力也不好。索蒂雅覺得自己需要對這些員工負責。她記得自己第一次遞出薪水支票時，有一個員工立刻跑到西聯匯款（Western Union）把錢寄給在哥倫比亞的媽媽，好讓她能接受開刀治療。這樣感覺起來，索蒂雅事業成功所帶來的好處和影響很牽涉個人，因為情況確實如此。

後來，索蒂雅發現公司裡有一個嚴重不適任的員工，她陷入天人交戰的困境。要這個員工離開，後果可以想像：這個員工絕對不會安靜離開，一定會有衝突。這個員工有個家庭，現在又正逢假期。索蒂雅很清楚這件事牽一髮動全身。簡單來說，不管她做什麼，大家都會不高興。但索蒂雅必須要做到的是，儘管她可以預見這個行為的波及面廣，但她仍得解僱這個員工。她必須這樣做，不然會嘗到財務惡果。她必須這樣做，因為其他員工依賴索蒂雅掌舵。她必須這樣做，因為雖然她想要盡可能照顧每一個員工，但是有時候當老闆的就是不能這樣。

「與自己談判是最難的。」索蒂雅說。她必須允許自己發揮同理心，但又不能被同理心絆住。她知道自己做得到，因為她才剛剛因為保姆的事而有類似的天人交戰。

「我知道我第一次做得不好。」她說，「我明白牽一髮而動全身，也清楚我的小孩跟保姆之間有依附情感。我知道會有過渡期，這時候我必須在家裡陪孩子。我在天人交戰的是這件事的影響，而不是我必須做的行動。我的另一半會說，『你得要想：新來的保姆能更有效地執行工作，那是多棒的事呀！』我不能只想壞處，而不去想會有許多好處。」

不出所料，要人離開是很難受的事，但是索蒂雅知道那是正確的決定。「我必須一直提醒自己，經營這個公司十三年來，我沒有遺憾過開除了誰，而是後悔沒有早一點開除不適任的人。」

約翰．林區（John Lynch）是ＮＦＬ的前明星游衛（safety），他在一個截然不同的領域工作，但是他跟索蒂雅一樣每天都發揮同理心。林區不僅了解年輕球員急欲證明自己的危機感，也能對老球員覺得自己該退役的心情感同身受。現在他是舊金山四九人隊（San Francisco 49ers）的總經理，坐在談判桌的另一邊，每天都要快速做決策，他說這些都是影響生計及家庭的決策。林區天生就富有同理心，而他也得努力運用這個特質來造福組織。

林區告訴我，「幾個星期前，我們在跟選秀被挑中的球員談，我了解到這對他們達成夢想有何影響。我以前也是這樣。很早就成為球員，很早就被挑中，但是，你是不是真的相信自己會成功？我了解那種感受。」當他必須處理棘手的人事問題（而這是他必須一直做的事），他會運用同理心來指引自己行事。他和教練夏南罕（Kyle Shanahan）試著跟每個不續聘球員面談。「我也曾經歷過這些，而我知道，當有人能正視我的雙眼，我會感激不盡。此外，我認為告訴對方事實也很重要，說清楚，『嘿，我們為什麼要你離開。』尤其如果他們問，『為什麼是我而不是他？』我會說，『這個嘛，我不談他。至於你，我們是這樣想的。』」同樣的方法也適用在，林區認為某個球員應該離開球隊時，有時球員也會問類似的問題。「我願意跟他們說，『嘿，我不是什麼事都知道。但是，對啊，我覺得是時候了。』因為我想，如果是我就會想聽到這個，而且身為過來人的經驗，也有助於我應對這一切。」

現在，林區也要代表公司對外談判，在這個情境下，他也運用自己過去身為球員的經驗。由於他對球員的深刻理解，使他更能洞察球員的利益、難處、恐懼，還有決策方式，這些都有利於他跟經紀人談判。他了解這些經紀人的客戶，所以更能預期經紀人的需求和願望。他還能站在組織的觀點，有效為球員建立思維框架，好讓他們了解組織的文化與運作。從這點來看，他的同理心會讓他更有說服力。

談判雙贏的關鍵

二〇一五年，各國當局齊聚瑞士數週，試圖解決一個十幾年來的無解僵局，那就是伊朗的核子武器計畫。會議中各國同意解除制裁，換取伊朗對其核武計畫讓步。許多美國人批評這項協議，認為美國不夠強硬，也沒有在這項協議裡得到夠多好處。幾年之後，伊朗外交部長查瑞夫（Mohammad Javad Zarif）說，沒有人完全滿意這個協議，所以他們知道這是個好協議。「我從不相信零和賽局。」查瑞夫對CNN政論節目主持人札卡瑞亞（Fareed Zakaria）說，「沒有人喜歡我們談成的協議。這樣很好。因為不好的協議就是完美的協議。你必須讓協議不要那麼完美，這樣雙方才能了解到，這個協議沒有滿足我們所有的條件，也沒有完全滿足美國的。」

根據BBC紀錄片，首長高峰會談判的環境比較像是在一個大學宿舍，每個人都待在同一個旅館，為了趕上一個又一個期限而日夜開會。美國談判主代表溫蒂・雪蔓（Wendy Sherman）談到，有時候他們會跟伊朗代表一起吃飯，她說建立關係很重要，她和伊朗主代表都在談判期間升格為祖父母，兩人還互相分享孫子的影片，彼此以人性相待，但這並不表示他們不強悍。她說，「他對自己國家的利益有責任，而我對自己國家的利益也有責任。」

同理心深具力量，你要駕馭它，這通常表示在談判桌上留下一些好處不拿，因為你盡力了解對方在處理什麼問題，所以你知道對方會推銷什麼、不會推銷什麼。你會讓利，但是這並不表示放棄立場，而是一種解決問題的方式：你放棄某些對你比較不重要的事物，以獲取對你更重要的事物。而要做到有技巧的讓步，你必須充分了解自己與對手的利益，這樣你才知道，要做哪些讓步才是對雙方有意義的。

在談判桌上讓利，這種做法也稱**雙贏**談判。但是，我對這個名詞很小心，因為它可能導致誤解。雙贏這個說法暗示著每個人都拿到他想要的，但其實不是這樣。雙贏的意思是，雙方在結束談判時，都覺得情況比談之前來得好。雙贏不表示雙方都得到自己想要的，而是彼此都讓出不太重要的利益，以滿足己方最重要的利益。

此外，雙贏也意味著，**雙方**都覺得這場談判進行得不錯，跟本來預想的一樣好，沒有一方覺得自己談輸了。注意這兩個字：**覺得**。雙贏談判非常倚賴EQ，因為無論談判出現什麼轉折和變化，你都必須覺察到對手如何解讀與反應，以及對手如何看待一個似乎「輕而易舉」的談判。研究人員在調查談判者對於開價的反應時發現，當開價立刻被對方接受，出價的那一方會比較不滿意這個協議。[5]他們會想，是不是可以做得更好？這個開價是否太低？

好幾年前，運動經紀人鮑伯．伍爾夫（Bob Woolf）告訴《Inc.》雜誌，他慣常的做法是在談判時留下一些利潤給別人，「很有可能你談到高價卻造成雙方對立，這樣多賺一〇％真的不值得。如果某人覺得你在扯他們後腿，他們會讓你的生意不好做；如果對方是你的員工，那就是會讓你不好過。以我的狀況來說，他們會發洩在我的客戶身上，出賣我的客戶、讓他們很悲慘。顯然談判不只是講錢而已。」[6]換句話說，如果沒有同理心，你不可能得到滿意的談判。畢竟，若**沒有**同理心，你怎麼知道對方是不是真的覺得他們也贏了？

艾美．佛羅辛（Amy Voloshin）是時尚與織品界的新秀，她創立Printfresh工作室以及佛羅辛服飾。她說，在打拼事業的過程中她明白到「最好的狀況是每個人都滿意」。她說自己在談薪水時，「我不能只是寄個電子郵件給對方，而是要知道對方的想法，這樣會比較容易。我們提供的薪水可能有上限，但是對方或許會覺得，五萬美元跟四萬九美元比起來，算是多出非常多了。」她說，由於對方未來會是團隊一分子，她希望對方走出去的時候覺得達到期望，並且覺得被看重。同樣地，艾美注意到供應商若是男性企業主，他們的報價會比女性企業主來得高。所以，如果女性企業主的報價合理，而艾美的丈夫兼共同創辦人卻認為「還是要講價」，艾美不會贊同。「他很自然覺得就是要拿到更好的價格，但我多會贊同這是合理的價格。」艾美能夠感同身受對方的觀點，所以她知道女性提出來的價格，就是她們在不被壓榨之下所能做到的，她不希望對方覺得要賤價工作，因為這樣沒有人是贏家。

如果談判結果是你拿到最多錢，而你的對手負氣、怨恨，或是覺得被騙，那麼你沒有真正成功。你有沒有考慮過未來的合作關係跟你的名聲？一切都會有代價，即使你在談判裡表現絕佳，你還是會希望對方覺得他們也表現不凡。

以同理心做出讓步，不只有長遠好處，而且也能造成立即影響。希臘雅典的教授維拉丘科斯（Charalambos Vlachoutsicos）認為同理心救了他的事業。他在《哈佛商業評論》一篇文章中寫道，他的公司從事的是電子設備轉賣業務，他收到印度一家公司的報價單，他的公司按照這份報價，再賣給客戶不錯的價格。問題是，這家印度公司後來說不能照原報價出貨，實際成本更**多出**四〇%，因此維拉丘科斯的公司陷入窘境。因為，若按照新報價向那家印度公司購買設備會對他們造成極大損失；但另一方面，對客戶說「抱歉，價格比之前告知的高很多」則會毀了他們的信用。

維拉丘科斯有哪些選擇呢？顯然有個選項是對那家印度公司吼叫一番，他們確實這樣做了（但是沒有任何用處）。另一個選項是走法律途徑，但是沒有人喜歡國際訴訟。後來，維拉丘科斯選擇諒解及發揮同理心，他認為這樣有助於雙方一起找出彼此都能接受的解決辦法。他親自飛到印度去見這家公司的人，抱持著上一章我提到的開放心態去交涉。他詢問對方改變報價的原委，對方說會計部門算錯材料成本。他明白這樣真的沒有任何改變空間，而且他了解到這家印度公司根本不知道這個搞砸的報價單，對他的公司造成多大損失。他們一起談了各項細節，也談了達成協議的可能性。假如協議告吹，這家印度公司不僅無法繼續待在希臘市場，而且可能沒有機會擴展到歐洲其他市場。他希望對方可以用不同眼光來看待這個協議，不要想成只是單次交易，而是當作某種投資。最後他們的安排是，維拉丘科斯的公司比原先報價再多出一〇%，沒有賺也沒有賠。他說，「這次之所以能成功談判，主要原因在於，我們真誠地試著設身處地，了解他們會蒙受多大的損失。我們希望將價格降到原本的報價，不只是基於我們自己的利益，也是客觀分析對方的風險和機會。」換句話說，面對這次談判，維拉丘科斯是著眼這家印度公司的利益。「而且，我們拿到新價格也沒有獲利，等於保住了印度公司的面子，因為它進一步展現出雙方都做出犧牲。」[7]

無論是人質談判或歐巴馬總統的政治談判，在談判者的工具箱中，同理心太有價值了，我們不能再誤會它。我希望再也不會聽到學生說，「教授，我沒有談到好結果，因為我太有同理心了。」不是這樣的。只要你能自我同理、注意自己的利益所在，你應該盡可能地秉持同理心，最好還能妥善運用它。

第7章
全心投入的談判心流

剛開始教書時，我沒有認真想過要怎麼傳道授業，因為我的腦袋塞滿了要講的內容，而且，我也做足了教學計畫，我不想脫稿演出。現在我教書教了十五年，我已經拋開自己設下的僵化規則，改與班上同學充分互動。令我震驚的是，這種方式帶來非常多收穫，因為我能注意到學生的一舉一動。一個班通常有三十六或四十八個學生，我能注意到有誰平常會微笑但今天卻不微笑了；我會發現有人在看手機（這是不可以的，稍後再解釋）；我會察覺到是否有學生不舒服或是緊張。我發現，我能極度專注在當下。我充滿好奇，任何時候都能全神貫注在我的學生身上。走進教室裡，我立刻就能辨識出教室裡散發出來的各種心情和能量。同時，我也能察覺學生的心理與情緒狀態。一走進教室，接下來三小時，我就全然處在當下，跟我的學生在一起，幾乎不會想到任何教室外的事。無論走進教室之前我在操心什麼，我都將它丟在門口。我不只一次收到學生回饋說，這堂課的專注度（有人會說是上課的強度），帶給他們相當大的衝擊。

我不是什麼冥想大師或瑜伽專家。我比較常做的運動是飛輪，或是在繁忙的機場一路飛奔，而不是坐在瑜伽墊上。但是我堅定相信，培養專注力是我們能做的一件最棒的事。透過專注，我們能對日常生活感到滿足、改善人際關係，並且成為成功的談判者。沒有專注力，你就不可能具有開放心態或同理心，因為這三者是緊密交織的。分心時，我們無法注意到別人，也很難察覺情緒和反應，以及我們周遭的動靜。注意力渙散時，我們無法完整取得資訊，而是過濾掉資訊。但這樣有損於談判，因為談判倚賴的是察覺一**切**的藝術。

如果缺乏專注力，你無法運用自己的ＥＱ，不能真的了解對方的心思狀態。在談判中，ＥＱ是你的超能力，而分心就像破解超能力的氪星石。有時候，最重要的情報是對方沒有明說的事，像是微笑、皺眉、在椅子上不安地變換姿勢、嘴上說不卻點了頭等等。然而，你必須非常專注才能捕捉到這些細微、也是大局一環的線索。

若是欠缺專注力，你無法發現自己變得緊張、焦慮或生氣。若沒有專注當下，你會不知道該適時放鬆以安定神經，才不會說出令自己後悔的話而毀了協議。若沒有全然處在當下，你可能不會察覺到你的肢體訊號已經不自覺地透露一切，例如緊張地用筆輕敲、音量提高、臉色泛紅。

雪蔓大使是代表美國的最高層級談判者，她說她會注意伊朗外交部長查瑞夫的一舉一動。她在書中寫到這段經驗，「一段時間之後，我能分辨出查瑞夫的戲劇性轉變是為了加強效果還是他真的不高興。因此，當我叫他的名字『賈法德』就表示安撫，而稱他『部長』他就知道我被惹毛了，他裝腔作勢我是不會買帳的。」[1]

注意到對方的眼神、微笑、不安的動作，效果非常強大。正如談判學者貝澤曼（Max Bazerman）所言，「你眼前所見，並不是全貌。」所以你必須學習真正**看透**。我的學生如果分心了就會錯失這些資訊，無法取得談判的施力點。但是，保持專注需要體力和注意力。而大部分人的注意力長度大約是八秒鐘，這表示我們比金魚還容易分心。[2]我們沒有體認到，處在當下其實很**困難**。

在高度連結的世界中，處在當下變得更不容易，畢竟多工就是我們實際的生活方式。無論是吃飯時一邊傳訊息，或是在任何情況下一心二用，我們就是沒有運用有意義的方式跟他人連結。而與朋友及親愛的人相處時，他們的一舉一動也會透露出個人想法，但我們卻錯失了這些線索。

我的學生瑪麗艾倫的行銷公司跟其他許多公司一樣，業務往來多使用電子郵件。她說，「我的工作有很大一部分是必須透過電話交談來判斷一個人，從電子郵件讀出對方的意圖。不過，只要有機會碰面，尤其是利害關係愈大的，我都會親自見面。我會試著獲取更多資訊，所以我不會一邊查看手機，也不會做其他事。我必須全心投入，因為我的客戶所做的大部分決定，即使是攸關公司整體的大決定，其實最後都是個人所下的決定，我必須盡可能讀出對方的情緒狀態。」

在課堂上教這件事，也提升了我自己的專注力，而我也每天努力實行著。我在教課時企圖傳遞給學生的訊息是，沒有任何地方比現在這個地方還重要，沒有任何對話比現在正在進行的更關鍵。因此，我注意到自己更能設身處地為學生著想、回應他們，並以我知道他們聽得進去的方式來表達。我相信這種程度的專注力最能表示出尊重，而我也有立場要求學生要同等付出。

另外，我也刻意在去教課的通勤途中練習專注。我向來是搭 Uber 及計程車，因此我給自己定下一個目標是把手機放在背包裡不拿出來，在搭乘途中身心都保持專注。老實說，剛開始我設下這個目標是因為要衝高 Uber 司機對我的評分，我知道司機很不喜歡乘客一直講電話或是看手機。我了解自己常常展現出好勝的那一面。不過，起初只是好玩的事，後來卻成為一項自我突破。我發現自己愛上通勤時間，我會跟司機聊天，聊聊他們來自哪裡、生活是什麼樣子。我會看看窗外，並時常注意到以前沒察覺的建築物。有一次我問司機，我家附近有一棟建築物是不是新蓋的，結果是我以前從來沒有注意過它。在從我家到火車站的路程中，我會請司機選一條風景優美的路線，這樣我就可以在匆忙離家、匆忙趕火車的空檔望向窗外，整理思緒、轉換心情。如果有人在這個時間找我，我不會回電，或是會接起來說我正在趕火車所以不方便講話。這也沒錯，畢竟我**確實**在往聯合車站（Union Station）的路上。但是完整的真相是，我珍惜當下那一刻。

同樣做法我也運用在搭飛機時，我不會馬上打開電腦或是掏出書本，而是會望向窗外看日出或日落。其實，必須經常飛來飛去本來是件討厭的事，現在卻變成一個禮物。每當從飛機上看向窗外，我會仔細欣賞，同時感到寧靜、心懷感激。周圍的人看我被周遭景色深深打動，或許會以為我是第一次坐飛機，他們可能不知道我是三個航線以及美鐵（Amtrak）的貴賓會員。不過，我會看得這麼出神是因為，我學會培養專注力。而在繁忙的生活中，我很感激有這麼一刻可以靜心。

幸好我培養了這個習慣。最近有一週我忙得一刻不得閒，我坐上飛機準備去普洛維登斯教一堂課。艙門一關，我整理身心，喘了一口氣，卻馬上想起來那天我的行程不是去普洛維登斯教課。如果我沒有停下來喘那口氣，而是馬上開始處理郵件，那麼我可能完全不會想到自己記錯了，而是一路衝到上課地點。

結果，本來可能會深感挫折、自我責怪的一天，卻變成美好的一天。我把它當成一個教訓（雖然很昂貴），但是我學到的是，應該多找些機會從倉鼠滾輪跳下來，把生活步調放慢。我把這個時間當成是給自己的禮物。我明白，生氣或挫折都不會有幫助。我平靜地跟普洛維登斯的地勤人員解釋，然後他們毫不遲疑地立刻讓我搭下一班飛機回去，還幫我升級艙等。我甚至沒有用到飛機上的無線設施，而是利用往返時間閱讀我從來沒有機會讀的雜誌，然後規劃一週行程、喝點飲料，享受大腦重開機的時光。那是個飛行的好天氣，旅程中大部分時間我就只是望著窗外。

本章我要談的是，為什麼專注很困難，以及為什麼專注很重要。科技確實是令人分心的重大因素，我也會談到相關議題，但是我們碰到的麻煩不只是智慧手機而已。其實，聆聽本來就不是件容易的事。我是指**真正的聆聽**，而不去想接下來要說什麼，也沒有任何主張。真正的聆聽需要全然的專注。此外，同樣也很困難的是，要留意你傳達了什麼訊息，還有你的肢體語言及臉部表情透露出什麼。畢竟，人們常常言行不一。最後我會討論到，在談判中，無論是跟家庭成員的激烈討論，還是挑燈夜戰談商務協議，有哪些管理情緒的計畫與方法。

注意力危機

歐巴馬在白宮舉行任內最後一次派對，我很榮幸受邀參加，而受邀者可攜伴一人，因此我帶著最大的姪子赴宴。我們在門口接受安檢時，我姪子才知道不能帶手機進場，他可以說是心慌意亂，「這實在天底下最糟糕的事了。」他說，「沒有人會相信我來參加宴會啊！」我是個非常實際的人，就跟姪子說只能這樣，別無他法。所以我們趕快用手機在外面拍張照片，把手機留在安檢處才進去。

那是個眾星雲集的壯觀場合。當天晚上一開始是歌唱表演，有亞瑟小子（Usher）、紮根合唱團（The Roots）、迪拉索樂團（De La Soul）、吉兒·史考特（Jill Scott）等等。接下來的宴會彷彿只應天上有，我看到演員戴夫·查普爾

（Dave Chappelle）、布萊德利．庫柏（Bradley Cooper），這些人舒適自在地跟同儕聊天，不被手機或狗仔隊打擾。我姪子非常害羞，我將他介紹給查普爾。起初我姪子很抗拒，但是後來兩人聊起他們都很喜歡的金州勇士隊（Golden State Warriors）。我鐵定可以得到當年度的最佳姑姑獎。在宴會上，背景音樂流瀉，席上供應著豐富的食物跟飲品，我倆都知道這將是我們人生的一大亮點。我們都非常享受，直到凌晨兩點才離開。回家路上我姪子說，「我很高興那裡禁止用手機。我享受了人生中最棒的一晚，而且真正體驗了一切。」

我們常常只顧埋頭看 Instagram，而忘記去體驗當下。我們**以為**自己正在經驗那件事，但其實心思已然飄走，所以是透過一層濾鏡在看事情。我姪子因為不能帶手機進去，所以他看到表演、聽到音樂、真正參與這個千載能逢的盛會。這是他這麼久以來，第一次全然地體驗當下。雖然我也是社交媒體的活躍使用者，但是我比較喜歡「事後再貼照」，而不是「立即上傳圖像」。我會拍照捕捉當下的時刻，事後等我有時間爬梳這段記憶時，我才在 Instagram 或是臉書上發文。這比較像是把往事再溫習一遍，而不是洗劫自己的愉快記憶。

我的課堂不准使用科技產品，包含筆電、手機、平板電腦，甚至智慧型手錶也不行。我把我的課堂當作一個實驗室，在這裡我們的行為，就是在教室外任何談判場域應該有的行為。因此，我希望我的學生能全然地處在當下。如果你能看到你的手機，或是感受到它在口袋裡震動，或甚至顧著紀錄下對方的話，那麼你可能會錯失許多保持覺察時能獲得的線索。許多研究也支持這個論點。二〇一七年有一項研究顯示，光是在視線內看到手機就會導致分心，即使你沒有查看手機內容，即使手機設定在飛航模式，即使手機是關機狀態。[3]因為我們現在太依賴手機了，它在場就好像在呼喚我們：「來拿我、來拿我！只要快速看一眼就好！」你可能耳朵有在聽，但是沒有聽進去。或是你可能聽進去，但是沒有仔細觀察以獲取有價值的資訊。更糟的是，你的行為可能暗示著對方，你不在乎對方在講什麼。

有些學生會討價還價。像是參加高盛萬家小企業輔導計畫的學生，他們手機隨時不離身。由於他們一邊經營事業一邊上課，所以總是處在多工狀態，但其實是他們覺得自己必須這樣。有些學生以為我沒在看而偷用手機，但是，就因為我完全不用任何科技裝置，所以我能注意到一**切**，偷用手機的學生都會被我抓到。無論我三令五申，很少有學生不伸手拿手機，要不然就是忘記把手機收起來。有時候我覺得這件事是最難教的！

我要求學生收起手機，有些學生會點頭同意並表示理解。因為他們聽過「正念」，甚至讀過幾篇文章和研究。不過，這些學生跟其他人一樣非常依賴手機。二〇一八年有個研究找了兩千個美國人，結果發現每個人**在度假時**平均每十二分鐘就看一次手機。[4]人們感受到陽光、聽到海浪聲、呼吸海風，然後查看電子郵件。這幕景象大有問題，我們也心知肚明。我的學生在理智上雖能理解，所以願意試著放下手機，但心裡卻難以接受。直到學生親身體驗，全然處在當下有多麼不同。

「在使用手機上，我有很大的問題。」我的學生詹姆斯說道。對他來說，上課不准用手機的難度很高，因為他覺得自己隨時都要跟公司保持聯繫。「不能用手機讓我很焦慮，因為我是超級互聯的人（super-connected），導致我與人實際相處時，總是心不在焉。」詹姆斯有兩個小孩，分別是三歲和六歲，他帶小孩去公園時，「她們在遊戲區玩，我在看我的手機、發郵件。其實那些事一、兩小時之後再處理也可以，但我就是對滑手機上了癮。」然而，在課堂上禁用手機後，他馬上感受到巨大差異，而且跟同學談話時，投入的程度也不同。但同時，要維持這種投入程度，其實很累人，這讓他理解到自己的注意力持續時間已經下降。「我習慣用手機，來回處理不同事情。」他說自己甚至已經不再閱讀。

詹姆斯並不是特例。科學家瑪莉安・沃夫（Maryanne Wolf）研究閱讀與大腦之間的關係，她將研究成果集結在《普魯斯特與烏賊》（*Proust and the Squid*）以及《回家吧！迷失在數位閱讀裡的你》（*Reader, Come Home*）這兩本書中。在後面這本書中她寫道，「也許你已經注意到，你看螢幕和數位裝置的時間愈長，注意力的品質也隨之改變。當你拿起一本過去最愛的書，也許你會感覺到某種微妙的東西不見了。就像產生幻肢那樣，你還記得以前閱讀時的你，但是無法再召喚出『注意力之魂』。你無法再體驗到，透過閱讀而神遊進入一個內在空間的愉悅感。」[5]

我注意到我花了整個週日在讀報紙，這跟以前不一樣。以前我只需要花幾個小時，就能把週日版《紐約時報》從頭到尾讀完，接下來還有很多時間可以看足球。現在我發現，我的注意力沒辦法集中兩小時（原本讀報所需的時間），我的腦袋總是轉不停。到了週日晚上球賽進行時，我還在讀那份報紙。這樣真的不太好，但是感謝老天，至少我有警覺。

而在談判中，缺乏注意力的影響相當巨大。這種情況太常見了，常見到我甚至不用特別想是哪堂課或哪項練習。通常，我會對學生講解某個談判案例，但很明顯地跳過某些重要資訊，而這些資訊就在紙本案例資料中。例如，有個著名的柳橙談判練習，它有許多版本，而在羅傑・費雪（Roger Fisher）經典著作《哈佛這樣教談判力》（*Getting to Yes*）中，這個練習是兩個小孩都想要水果籃裡最後一顆柳橙，而其他版本則是兩家公司想要一個很稀有的柳橙來研發救命產品。但是，其中一方只需要橙皮（在小孩的案例中，橙皮是用來烘焙），而另一方只需要果肉。如果你讀案例讀得太快，就會錯過這項關鍵資訊。

我對犯錯的學生說，「你為什麼不光就你要的橙皮談判就好？你不需要其他部分。」學生跟我爭辯，「我需要整個柳橙，不是只有橙皮。」這個練習我已經不知看過多少次，我開玩笑地提醒他們，「我教了超過十四年，我想我很清楚。」學生很肯定地說，「沒有啊，**我的**活動單上沒有這樣寫。」有時候我得要用筆在**學生的**活動單上圈出來那些字，他們才知道自己遺漏了什麼。

從那之後，學生才會更認真地專注於當下。學生們透過一次又一次地談判，慢慢發現到，分心會對他們造成多麼大的傷害。甚至，大家也理解到，分心很可能會成為一種常態，專注當下反而是例外。

談判的重點就在於人際相處與彼此連結。如果你也認同這點，但是同時又拿起手機或分心，這就有違連結的本意。第六章我寫到同理心對談判至關重要，但是，根據研究，科技很可能會降低同理心。麻省理工學院心理學研究者、《重新與人對話》（*Reclaiming Conversation*）一書的作者雪莉・特克（Sherry Turkle）說道，透過交談及面對面互動，我們學會培養親密感以及同理心，但若換成盯著螢幕，我們就會錯過這些學習的機會。這是有道理的。如果我們不再學習讀懂別人的表情，只會讀表情符號，怎麼能注意到別人眉間微皺表示他在擔憂？

我在高盛萬家小企業輔導計畫所教的學生瑪麗艾倫，她的內容行銷公司營運得很成功。而她也把專注當下的原則好好放在心上，並且在談判中感受到巨大的轉變。雖然在準備談判時，她會盡量收集各種資訊以了解對方，但是有時候還是免不了臨場改變計畫，只能看現場得到什麼資訊而快速做決策。這時候，懂得專注當下就能讓她更善於變通。她說，她能看出某人是否真的對計畫感到興奮，「我能從他們的眼神和表情看出端倪。我可以從他們做筆記、變換姿勢的樣子看出端倪。或者，觀察他們是否興奮、開心地談到這個案子。」另一方面，她也可以看出對方是否感到恐懼緊張，那麼她就會順勢調整策略。「如果我發現對方心情愉悅，那我們就會開始腦力激盪。如此一來，雙方常常能談成本來沒有希望的條件，而這甚至也是他們始料未及的。但因為我看得出來他們會願意這麼做，所以我就會提出來。然而，如果我碰到焦慮的人，我就會收斂一點，我會說，『我知道你覺得這一切壓得你喘不過去，那麼我們一部分、一部分來談如何？』我可以看出對方會比較放鬆。畢竟，談判的最終目的是，針對我們要做的事以及價格達成協議。」

決定溝通成敗的關鍵

我的朋友莎曼珊任職的公司要聘用一個新經理。這個面談有一個環節是，有六位面試官會對候選人提問，然後事後再商議。某次面談結束後，莎曼珊和同事一起討論，每個人都問莎曼珊為什麼她那麼不喜歡那位候選人。

「什麼？」她說，「我覺得他不錯啊。」

「那妳為什麼要瞪著他？」

「什麼！」莎曼珊說，「我沒有瞪他啊。」

她的同事很肯定她瞪著那個候選人，他們甚至還模仿她的表情。莎曼珊嚇到了。

「我看起來是**那個樣子**嗎？」她說，「我只是很專注啊。那就是我在聆聽的表情。」

現在莎曼珊知道了，她聆聽時的表情看起來就像在生氣。就像作家及演說家卡蘿・肯西・高曼（Carol Kinsey Goman）所說，「每個人對肢體語言的解讀都不同。你的肢體語言跟你的本意沒有什麼關係，完全跟他人怎麼解讀有關。」莎曼珊陷入了「洞悉錯覺」（illusion of transparency），指的是個體認為自己的感受、欲望、意圖，對別人來說都是清楚可見，即使他們幾乎沒有溝通。然而，現實是現實，觀點是觀點，兩者並不相同。

有些人非常擅長表達自身所需，但對大部分人來說，我們需要窮盡一生來磨練這項技能。雖然當中有幾項要領，但是沒有一項是容易的。

首先，就是要專注當下。你必須完全覺察自己的情緒，以及你的臉部表情。你必須注意自己說的話，還有別人的語氣以及臉上細微的改變，這樣你才知道對方如何接收你的訊息。

你也可以請對方給予回饋。莎曼珊的同事開玩笑說她一副怒容，但她可以在同事不得不提醒她前，主動徵詢同事的意見。下次面試結束後她真的問同事，「嘿，我剛剛想傳達的是，這個工作分量不輕，但我不想嚇到對方。你覺得我有沒有做到？你覺得那個人有沒有了解我說的？我想進步，下次我可以怎麼做會更好？」這種回饋可以用在人事面談，也可以用在平日跟同事開會時。

莎曼珊需要磨練溝通技巧。如果面對小型的人事面談，她是繃著一張臭臉，那麼在跟討厭的人開會，或是開會太冗長而心生不耐時，她的警戒姿態就會更明顯了。每當有人無謂發言，或是她覺得應該要結束會議時，她就會用鉛筆快速輕敲桌面。她經常被人批評這一點，但她深感挫折，覺得自己被誤解了。後來，有一位顧問來協助改善團隊溝通，他幫助莎曼珊訓練肢體語言，用均勻而深沉的呼吸，展現出放鬆且開放坦誠的姿態。顧問要她注意語速、音量，以及別人的反應。而莎曼珊也開始特地徵詢同事的意見，並會問清楚。

在大型國際政治談判中，也很常運用非語言的溝通方法。比方說，蜜雪兒・歐巴馬在自傳《成為這樣的我》（*Becoming*）寫道，歐巴馬首次競選總統時，她被安排跟幕僚暨顧問大衛・艾塞羅德（David Axelrod）及薇拉瑞・賈瑞特（Valerie Jarrett）見面。當時蜜雪兒受到對方陣營猛烈攻擊，對手把她形塑為憤怒的無政府主義者。這個策略似乎奏效，但蜜雪兒不明所以。好幾個月以來，她都是一貫的演講風格，而她說的內容似乎很能引起群眾共鳴。她的演說是真心誠意的，並沒有**憤**

怒。艾塞羅德及賈瑞特為她分析，他們把演講影片的聲音關掉，這樣就能仔細檢驗蜜雪兒的肢體語言跟表情。「我看到什麼？」蜜雪兒寫道，「我看到自己慷慨激昂，臉部表情緊繃，一點也不放鬆。我總是談論許多美國人面臨的困難處境，還有我們的學校和健保制度中的不平等。我的表情反映出我認為這些事情有多嚴重，以及我們國家眼前的選擇有多重要。但是，我的表情實在是太肅殺了。至少以大家對女性的期望來說，我的表現太過嚴厲。我開始思考，陌生人看到這樣的我會做何感想，尤其是我正在傳遞一個直言不諱的訊息。」[6]

競選團隊的顧問建議蜜雪兒，「發揮自己的優勢，記住我最喜歡談的事情，那就是我對丈夫和孩子的愛、我與職業婦女的關係，還有我出身芝加哥的光榮感。」這位顧問也認為蜜雪兒可以展現愛開玩笑的一面，開玩笑是沒有關係的，「換句話說，就是做我自己。」[7]

熱情深具力量。如果你在談判或演講中，恰當展現了自身的渴望及動機，那會很有說服力。然而，如果表達不當，可能會顯得太傲慢、有攻擊性或不近情理。但這並不表示女性沒有權利表現憤怒。女性當然可以憤怒，在其他演講中，當蜜雪兒想要傳達憤怒，她就會表現憤怒。我的意思是說，我們都需要了解別人如何看待我們的溝通方式，要認真想想聽眾是否接收到我們想傳達的訊息。達到平衡是一種藝術。通常我贊成在談判中展現情緒，尤其是因為我看重人與人之間的連結，以及坦誠的資訊交流。而且，能否有效傳達情緒，可能決定了溝通的成敗。畢竟，觀感是最重要的，你必須了解對方如何解讀你的字句和表情，才能與人連結、傳遞訊息、影響他人、使人難忘。

有時候，做個更好的溝通者，跟別人關係不大，而完全在於自省。自省並不是評判或鞭笞自己在溝通時哪裡做錯了，而是充分理解，以好奇心去了解別人，然後將好奇心轉向自己，這樣你才能更了解自己。你可以省思，有別人在場時你的感受如何，而別人做了什麼讓你有那種感受。我已經養成習慣去省視自己的內在感受，例如，朋友在聚會時滑手機，我常會覺得緊張而惱怒。而與別人交談時，我會回想起那些感覺，因此我更能戒除分心，更容易擋下自己拿手機的衝動，我會對自己說「現在不要」。

成為最佳聽眾

有一個廣為流傳的謎題，背景設定在小學校園，大致情節如下：學期初的校園裡發現有個人被謀殺。體育老師說不是她殺的，因為她正在看學生跑步。校長說不是她殺的，因為她正在為訪客導覽學校。數學老師說不是他殺的，因為他正在批改期中考試卷。所以，誰在說謊？

答案是數學老師，因為他說他在批改期中考卷，但是謀殺案發生在學期初。這個謎題測試的是你的聆聽技巧，看你是否太快忽略掉其實很重要的資訊。同樣地，對任何談判都很重要的是，專注於吸收資訊，然後仔細考量、有系統地分析這些資訊。你不能丟棄任何你以為不重要的資訊。所有的事都很重要，直到你能確定某件事不重要。

好好聆聽也是有策略的，因為如果你的對手覺得自己是焦點，他們就比較會敞開心胸。另一方面，若你收集更多資訊、更了解另一方的觀點，你就能知道如何將你的論證架構得更好。

而當你全心聆聽，你是專注地聽**每一件事**。好像很簡單是嗎？我的學生回報說，練習全心全意聆聽，是整個課程中最難的部分。在這個練習活動中，我會請學生找一個夥伴，面對面坐著。（我強烈建議你可以重複練習這個活動。）很重要的是，雙方必須坐在同一個高度，才能雙眼直視對方。然後其中一人講五分鐘，主題不限，例如當天發生了什麼事，或是當天要煮什麼晚餐，或者是他們想分享一段有意義、強烈的回憶。聆聽者必須專注在夥伴說了什麼，而不去想自己要回應什麼，也不去想交換角色之後，自己的三分鐘要說什麼。聆聽者可以提問以釐清細節，或是追問，但是一定要小心不能評判，就連肯定的話語也不行，例如「哇，那一定很難」或是「聽起來好好吃」。全心聆聽，就僅僅是聽進去而已，這需要專注、集中心神，以及耐心。

在談判中，你或許不能只是全心聆聽，而是要積極聆聽（active listening），這時候你**確實**會說一些肯定的話語。不過，我還是建議你練習全心聆聽，因為它能強化專注的肌肉，就像對準備馬拉松有幫助的重量訓練。每個好教練都會告訴你，交叉訓練是必要的。聆聽比我們想的還更為重要，你必須努力控制自己的思緒，同時精進聆聽技巧。如果談判對手正在對你講話，但你的思緒放在要回應什麼，那麼你可能會錯失對方講出的關鍵資訊。史蒂芬．柯維（Stephen Covey）在代表作《與成功有約》（*The 7 Habits of Highly Effective People*）中，寫下一段很著名的段落，「大部分人聆聽時並不是想要理解對方，而是為了回應對方。」不過，也許你會擔心，假如對手說完之後問你「覺得怎麼樣？」而你因為一直在專注聆聽，完全沒有想到如何接話。你害怕面對對方語畢之後的那陣沉默。（請見第二章！）這時候，你要提醒自己，沉默是沒有關係的。請允許自己先好好吸收資訊，再去思考如何回應。不要因一時情急，而影響你的判斷。你可以說，「給我幾分鐘，讓我想一想。」

由於我在課堂上教聆聽技巧，自然會更留意自己如何聆聽。而增進聆聽技巧，也深化了我的人際關係，讓我比從前更快與人建立連結，尤其考慮到我是天生內向的人。儘管差異很微妙，但是我能看出不同。例如，有個朋友最近丟了她的管理職，雖然她一直都知道這件事快要發生了，但是收到消息還是措手不及。我們約見面喝飲料聊天，顯然她還是陷在其中，我第一本能就是想把自己工作失敗的經驗告訴她，關於這段經歷我在第三章提過。以前我從來沒有跟她說過這個故事，不過我想這會有幫助，因為這樣她就會知道我能理解。但是，我及時阻止了自己。在我開口前，我必須先聽她說，而且是真正地聆聽。我跟她的經驗其實有一個關鍵不同，那就是我的經驗發生在事業初期，而她離開這份工作則是事業正盛時。如果我說「我完全了解妳的感受，因為我也有過這種經驗」是不會有用的，因為那不是真的。我其實並不明白她的感受，除非我能專注聆聽。她可能不會對我的經驗有太多共鳴。我必須純然聆聽，不去想自己要說什麼。

管理情緒的談判藝術

至於為什麼在談判中積極聆聽會這麼困難，部分原因是人們通常一開始就對談判焦慮。如果你感染了恐懼，如果你大腦中的杏仁核（也就是主掌「戰或逃」的腦區）活化了，那麼你就不太可能好好聆聽及全神貫注。另一方面，感到一點點焦慮、或說是擔憂，則會讓你更有動力去談判、準備得更充分，並讓你在整個談判過程中保持感官敏銳。但是太過恐懼及擔憂，卻會讓你沒辦法好好思考。你必須把情緒調整到最佳狀態，你必須是管理情緒的能手。

精神醫學專家弗蘭克（Viktor Frankl）有一句話很著名：「在刺激與回應之間

有個空間。在那空間中，我們有權選擇如何回應，而我們的回應則決定了我們的成長與自由。」這個摘句就像正念的修習口號。正念早已跳脫瑜伽行者和哲學家的場域，擴展至世界上其他領域。無論是在談判桌還是感恩節晚餐，正念都能協助你辨認情緒並管控它。

而在談判中，駕馭情緒的最佳方法是，在談判**之前**就先梳理好情緒。大部分人都曾有過半夜醒來，或者徹夜失眠的經驗，而這是因為我們在腦袋裡跟某人激烈辯論著。雖然醞釀怒氣、左思右想是某種談判準備，但這也意味者，在正式談判中，你會帶入很強烈的情緒。因此，你必須摸清楚這些強烈感受是什麼、來自何處，並釐清如何在談判時妥善運用這些感受。你要做你自己，但是要做一個準備充分、身心協調的自己。

然而，如果憤怒是你最先帶入討論的情緒，那麼千萬要小心。以前，在談判中展現憤怒是普遍被接受的，但是，現在不是這樣了。在一九九七年一個重要研究中，研究者發現，憤怒的談判者與對手未來合作的意願很低，達成的共識也比較少，而且憤怒的一方事實上並沒有因為生氣而獲得更多有價值的成果。[8] 近年研究則顯示，面對憤怒的談判者，人們比較可能會掉頭離開。[9]

有一個例子是安妮領導的董事會。董事會裡的梅麗莎是個難搞又蠻橫的人，讓領導的安妮很為難。梅麗莎寫的電子郵件常常劈頭就攻擊某人。由於董事會成員都是無給職，他們花時間參加是出於善意，因此安妮會因保護同事，而常對梅麗莎感到生氣。每次看到梅麗莎的名字出現在收件夾，安妮就會覺得血壓升高。有一次梅麗莎和其他幾位成員發生嚴重的電子郵件衝突，安妮決定找梅麗莎出去喝杯咖啡。雖然她真的不想做這件事，但覺得或許可以勸導梅麗莎，讓團隊有繼續往前的動力。

在兩人會面之前，安妮把梅麗莎所有可能惹怒她的情況都想過一遍。以前開董事會時，安妮已經被惹毛過很多次，而安妮的實際反應就是要梅麗莎住口，然後掌控局面把話題帶離梅麗莎。安妮也有脾氣，而且有很多重要工作要做，她沒有耐性一直聽一些廢話。總結來說，安妮知道這個咖啡聚會可能會變得非常、非常糟，但是她的整體目標是朝向一個更好、更合作的關係，所以安妮不能讓這次討論脫軌。她計畫好，如果梅麗莎發動攻擊時自己要怎麼做，像是深呼吸、碰觸桌面讓自己鎮定，或是在回應前先停頓一下。而開口時，她也會留意自己的聲調。她想過這次咖啡聚會她不能點咖啡來喝，因為那會讓她太亢奮而加快說話速度，她要點花草茶。

如果她真的生起氣來，那麼她會想像自己處在最愛的當代諷刺喜劇作家大衛．塞德里（David Sedaris）的故事裡。安妮可以專心看著梅麗莎誇張的言行暗自發笑，然後表面上仍做她該做的事。

雖然有時候處理棘手人物最好的辦法是，盡量集中談話焦點、公事公辦。但是安妮也感覺得出來，跟梅麗莎談，無非就是閒話家常。所以重點是不要照著議程走，就讓她說個夠。確實，在談判之前你跟對方的關係愈是融洽，你就愈不會失控暴怒。安妮猜測梅麗莎需要一個聽眾，好好聽她說出所有她想說的話，不要反駁。她們談了半小時，期間安妮提出一些友善的問題，她認為這樣可以讓梅麗莎放鬆自在，然後她們再進入幾個之前在董事會討論過、比較沉重的話題。安妮讓梅麗莎說，而她也真的**很能**說。安妮提醒自己要專注當下，不需要像在董事會那樣打斷梅麗莎說話，只要聆聽和觀察就好。結果她觀察到對方內心很受傷脆弱。當然，梅麗莎並沒有直接說「我覺得自己脆弱敏感、容易受傷」，但是能明顯看出端倪。梅麗莎隨口提到她沒有出席最近一次董事會，是因為她覺得每個人都討厭她。她說有一次她碰到某個董事會成員，那個人抱了她一下。從梅麗莎說那件事的肢體語言來看，顯然那次互動對她很重要。在這次的咖啡聚會，安妮全然處在當下，她對梅麗莎的了解，比起過去一整年在董事會共事還要多。安妮看到梅麗莎的不安全感，她知道梅麗莎需要討拍取暖，才會有安全感。如果梅麗莎有了安全感，那麼她就能傳達出真正的想法，而不是沉溺在撥弄是非。

安妮花時間跟梅麗莎相處是值得的，因為這樣可能會省下很多開會時間，整個董事會就能更有效地專注在議程上。而事實上的確奏效了，至少維持了一場會議期間，然後梅麗莎又回到她的不合群路線。儘管安妮可以考慮再跟梅麗莎單獨談，但是她判斷這樣做不值得，董事會需要找出另一個方式繼續前進（不幸的是，這個方式是把梅麗莎踢出去）。許多談判都會出現這種情況，你必須決定繼續糾纏下去是否有意義（尤其是在跟家庭成員討論政治時，你要事先在心裡確認一下）。簡而言之，你能夠管理你的情緒，並不代表你一直都想這樣做。有時候面對某些棘手的談判對象，最聰明的辦法是乾脆走開。

為了準備某個特定會面，許多談判者除了管理自己的情緒之外，還更進一步練習靜坐，讓專注當下變成一種本能。比方說，福特集團董事長比爾・福特（Bill Ford）、雲端軟體公司 Salesforce 創辦人馬克・貝尼奧夫（Marc Benioff）、演員艾美・舒默（Amy Schumer）、《赫芬頓郵報》創辦人雅莉安娜・哈芬登（Arianna

Huffington），都熱衷靜坐。有些人會練習瑜伽，像我的學生茱莉亞。她說，「瑜伽讓我能抽離日常生活。在瑜伽教室，我們會把手機放在另一個房間。」她在練習瑜伽時，會專注在自己這一塊瑜伽墊上，這種經驗幫助身為顧問的她解決工作分心的問題、進而更有效管理時間。「有時候我發現自己會想很多，想著別人怎麼看我。但那真的會讓我失去動力、無法專心，做事也沒有生產力。所以，在瑜伽墊上練習專注，對我很有價值。」對茱莉亞而言，找到靜心的方法很重要，而她也把這個技巧直接運用在談判場合。茱莉亞說，當你進行一場很有挑戰的對話，「你不能去想其他八件工作上的待辦事項，也不能去想，『糟糕，我說了不應該說的話，現在他們可能會覺得我是笨蛋。』」

雖然茱莉亞經常練習，但是她還是會注意到自己的內在獨白。然而，她不會被念頭淹沒，而是看著它，好似它在雲上飛揚或是隨河水漂浮，就像是出竅一樣。研究談判的學者威廉．尤瑞（William Ury）說這是「走到陽台上」（go to the balcony）技巧。❶換言之，你要看到發生什麼事，辨認出自己的思緒與感受，但

❶走到陽台上，情緒抽離技巧。指個體感受到壓力時，虛構一個能讓自己冷靜下來的心理陽台。

是隔著一段距離。你想的是「嗯……我現在有一些強烈的想法和感受」，但是你不會作出反應，除非你給自己那個弗蘭克所說的清淨空間。

茱莉亞說，「上週我在工作時，有個客戶說了一件事讓我嚇一跳。那個客戶的對手決定延長我們的合約效期，我們要協助他們進行另一項工作主題。我的客戶覺得很驚訝。客戶那樣說時，我感覺到他的反應不是愉快、興奮或感激，所以，一定跟我有關。雖然他不必然是針對我個人，但那段話的措辭讓我覺得有針對性。」

「我第一個反應是，『糟了，這下慘了，真的很慘了。他們不需要我們，我們沒有展現足夠價值。』我的大腦開始運轉。就在這個時候，故事製造機開始運作了。」她擔心客戶說的話，煩惱客戶對她的想法，害怕自己可能哪裡做錯了。「任何我想像得到的，都湧進我的腦海裡。」她說，「在這個時候，很難去提醒自己，我正在對周遭人事下對我沒有幫助、或不真實的結論。」

她開始練習專注力，並指出當你成功地專注當下，你就會意識到這些想法，觀察它們、尊重它們，然後將其釋放。「我心想，『嗯，我看到這個想法。我要讓它飄散空中。我要專注在當下所發生的一切，而不是腦海裡自己捏造的擔憂。』因為，我告訴自己的故事，並沒有益處。」她補充說，「除非那個故事是『你太棒了！』但通常故事是負面的，讓你陷入低潮。」

茱莉亞透過練習瑜伽來改善身心，而你必須找出適合你的方法，最終的目標是注意到你內在的批評者，離他遠一點。我一直都掙扎於自我懷疑、負面的自我敘事中，不過我的應對方法跟茱莉亞不同，我是去騎飛輪，飛輪健身房是我的避難天堂。在那裡沒有手機，人人處在只有微光的暗室裡，外加音樂震耳欲聾，所以你聽不到自己在想什麼。汗水滴下臉龐，你唯一能專注的就是你必須投入的運動強度，以及喘不過氣的呼吸，並且享受腦內啡升高。這段時間我完全拋開思緒，到了飛輪課尾聲，我幾乎總是可以更客觀地思考。

不管是參加派對不帶手機、搭飛機時從機艙窗口外望，還是練習瑜伽，都是練習專注當下的方法之一。而在眾多方法中，我最喜歡的一個來自我的學生葛林，他從五歲就開始彈吉他。葛林認為，辨別音符與活在當下，這兩件事的道理完全相通。他談到他的音樂，「我想，有時候我能做到的最棒的事，並不是彈出更多音符或是彈得更快，而是在音符之間留下更多空間。音樂之所以是音樂，就是因為音符間有留白。」否則音符混成一團，就不是音樂而是噪音了。自從他與我分享這個心得之後，我會把「當下」想成是音符之間的空間，它可能微乎其微、細膩幽微。但是，如果沒有這個空間，那就是噪音而已。

第8章

豐足心態，讓你把餅做大

去年冬天，我在我居住的華盛頓特區某個法院報到，履行陪審義務。那天是星期一，我等了整個早上得知自己為候選的陪審員之一。法官向我們簡報說明這個待審案件，聽起來似乎很單純，應該當天就能結束工作。接著法官說，如果有誰接下來連續四天可能無法出席，要到法官席去跟他說。我心想這下糟糕，星期三上午我要在紐約教課，那堂課我不能請假。不過法官雖然那樣說，我認為這個案件不可能審那麼久，或許當天或隔天就能審完，更何況，還沒有正式選出陪審團，所以我可能會被遣散回家，這樣也算是完成公民義務。但是身在法庭裡，法官既然這樣要求，我覺得不能不說。

所以我把我的情況告訴法官，他准許我不用參加，然後要我去見安排法務程序的職員。接下來的故事就像美劇《歡樂單身派對》（*Seinfeld*）的情節。那位法庭職員看起來不太高興，我一接近她就感覺到，她好像覺得我是來煩她的。我對她解釋情況，她說我可以離開，但是必須選九十天之內的另一個星期一回來法院報到。

「那還是會有問題。」我解釋說，「因為下星期開始，我每週二要在費城教課，所以星期一之後我也不能待在這裡。問題還是一樣，而且還更糟，因為下週開始我只有星期一可以來。」

她無動於衷，「妳還是要選一個日期。」

「就算選一個日期，我還是要在這裡等整天，然後同樣事情又會發生，我會被叫到妳面前來說同一件事。能不能傳喚我到星期三審判的案件？」

「不行。」她說，「如果一開始就要妳星期一來，那就**必須**選擇另一個星期一。」

「那我可不可以五月的星期一來？到時學期就結束了，我不用教課。」

「不行。那就超過九十天。」她接著對我講述身為公民的義務。

這件事最令人挫折的部分就是，我想要負起公民義務啊！我甚至很想擔任陪審員，我覺得那會是個有趣的過程，尤其是從談判的觀點來看。我沒有在找藉口逃避，但我相信這位職員一定是很習慣有人想逃避，所以她看不出我的意圖良善。我也相信擔任陪審員的規則這麼多一定有其理由，但是她沒有跟我解釋，所以我看不出這有什麼道理。不過，我還是試著溝通我的意圖，企圖找出方法來兼顧公民義務和教課責任。但是，我講什麼都沒有用，說什麼都一樣換來一頓公民義務的說教。

這個法庭職員毫無彈性，讓我想到我的學生在課堂上的行為。學生只會專注某一件事情上，就是：在談判中自己可以得到什麼好處。他們就像戴著寵物錐狀頸圈，除了眼前的事物（狗食！）以外，其他都看不到。他們大腦中解決問題的那一部分沒有在運作，因為他們完全只專注在爭搶好處給自己。

我們一直都戴著錐狀頸圈，甚至毫無自覺。而我們這樣做的原因就跟那位法庭職員一樣：我們抱持著封閉心態，而在這種心態下很容易就說「**不行**」。另一方面，相較於看到談判對手的利益或許會跟我們重疊，只看自己眼前的利益，容易多了。我們進入每個談判時都在害怕別人會占我們便宜，認為必須割喉競爭而不是保持善良、誠實、開放。我相信那位法庭職員一定聽過數百個藉口。我敢肯定我一到她的櫃檯邊，她就已經開始備戰。我知道她之所以不能變通，一定有許多理由。但是，沒有任何妥協空間，實在令人氣惱。

無論情況如何，為了達成協議而且獲得更多，我們必須仔細想想自己是否畫地自限，以及為什麼會這樣。我們必須想得更廣，思考各種可能性。就如英國前首相邱吉爾說，「悲觀主義者在每個機會中看到困難；樂觀主義者在每個困難中看到機會。」

本章你會看到，當每個人都認為能獲得夠多、抱持豐足心態，可以讓我們發掘雙方重疊的利益，找出更多解決問題的方案。同時，也讓你有勇氣離開這場談判，因此更懂得如何施力。最重要的是，當我們著眼於豐足而不是稀缺，我們不是在劃分利益，而是把餅做大。

實現互利的關鍵心態

我看過「稀缺式思考」出現在課堂、法庭、機場，尤其職場最多。比方說，過去十五年來，我也跨足運動產業，這個領域雖然漸漸性別多元，但還是由男性主導。而女性高階主管稀少會導致競爭，就跟其他男性主導的產業一樣，例如科技、財務及法律。研究顯示，女性比較喜歡為男性工作而不是為其他女性工作。另一個研究比較了某個法律事務所裡的工作氛圍，這個法律事務所的女性比較少，而她們「幾乎彼此為敵」。[1]女性為了維持自己的領導地位，她們對其他女同事更嚴苛，彼此廝殺更慘烈。她們認為，為了要在高度競爭的環境裡勝出，這是她們必須投入的戰役。因為這個環境只有少數女性代表，所以一定要爭取到這些少數位置。當位置只有一個的時候，就絕不可能跟另一個女性合作。

其實，是我們已習慣性認定高層位置不足，而且以為只有一個方法能坐到那個位置。有個學生海瑟在銷售保健品的談判練習中，表現得比其他人都好，不過當我指出她沒有對開價過高作出合理解釋，她非常不滿，「但是我談到的結果比別人更好。」沒錯，她確實談到很好的結果。但是她很幸運也是事實，因為海瑟的談判對象沒有質疑為什麼她賣的保健品那麼貴。你不能把幸運當作永遠可行的策略，而且很可能她的對手會記得她開價不合理。在真實世界中，她的名聲將是不合情理或是貪心；在課堂上，同學會對她有所防備。

如果你認為談判是贏者全拿，那麼你就少了創造性思考，也會錯失雙方意想不到的選項。你無法看到競爭以外的事物，就像劇作家暨演員林曼努爾．米蘭達（Lin-Manuel Miranda）的《漢彌爾頓》（*Hamilton*）舞台劇中，充滿懊悔的亞

隆·伯爾（Aaron Burr）說：「我早該知道，這個世界廣闊到足以同時容下漢彌爾頓和我。」❶

我的學生艾絲特生長在共產時代的匈牙利，那並不是一個培養豐足心態的理想環境，因為所有你能想到的物資，都經由謹慎的管制配給取得。她的祖父因為批評政府而遭監禁，全家在加拿大尋求難民庇護身分，但是最後被拒絕。在柏林圍牆倒塌之後，他們必須回到匈牙利。「我從祖母口中得知，小時候我們家裡生活相當艱難。」艾絲特說，「我們沒有錢買麵包。冬天全家只能待在公寓裡某一角落共用暖氣。」雖然艾絲特的母親是醫生、父親是律師，但是其家庭所得就跟其他家庭一樣。「在資本主義社會，你有機會跳脫框架去思考。」艾絲特解釋，「但是在共產社會，這個框架從本質上來說就是受限的。比如：隔幾年才能拿到出國的護照；不能買東西因為只有固定分量的錢；不能取得貨幣……我媽媽想方設法，試著從這種狀況中變出東西來。而如果每個人得到的看似一樣多，你要如何把自己的那份變得更多？」

艾絲特說，因為她媽媽很能幹，所以童年她過得很好，總是認為自己是受眷顧的。在似乎沒有任何豐足感的地方，母親的創造性思考創造了富足。艾絲特說，

「我們不買冰淇淋，但是我媽媽說，因為我們在冰淇淋省下錢，所以我們以後可以吃巧克力蛋糕。我覺得是因為想到會有巧克力蛋糕，讓我們覺得很豐足。這就是重新框架（reframing）技巧。我們家不是負擔不起冰淇淋，而是為了將來，刻意選擇明智的省錢法。等到我們有足夠的錢買巧克力蛋糕，這時候她會說，我們可以買巧克力蛋糕，**或是**買冰淇淋然後省下一些錢存起來，以後就可以買比巧克力蛋糕更好的東西。」

就這樣，艾絲特學會用手邊的資源來創造更多。有一次她幫忙跑腿去買餐巾紙，當時她才七歲，媽媽給她剛好可買兩包餐巾紙的錢。「我記得我在市場裡一路跟人談價，看誰可以給我更好的價格或是附贈什麼東西。」最後一個商販問她為什麼要這麼努力談價，「我跟她說，我要有足夠餘錢為我媽媽買束花，給她一個驚喜。我說了類似『否則我就不買』這樣的話。」那個商家顯然沒有受艾絲特威脅而動搖。但是，艾絲特的早熟以及讓媽媽高興的心意，令她印象深刻。艾絲特回家時，不只帶著餐巾紙，還有給媽媽的花。

艾絲特從賓州大學畢業之後擔任策略顧問，同時，由於艾絲特心想「為什麼不

❶ 漢彌爾頓為美國開國元勳，與政敵伯爾決鬥而死。

多做一些？」於是她也和男友一起經營線上零售事業，後來男友成為她的丈夫。他們的事業成功了，接著又創立更多事業，最後將其全部賣掉，專注在他們一起成立的新顧問公司。艾絲特在工作上一直都必須與人協商，她總是試著把談判視為合作而非競爭。每一次談到好的協商結果之後，艾絲特的招牌好戲是，她會跟談判對手說，「太好了，我們談了一筆好交易。我們是不是可以讓它更好？」我向來推薦這種策略。雖然大部分人也贊同，卻很少人真的去做。但是艾絲特做到了。

這個步驟看起來很像是雙方花幾分鐘時間，重新爬梳一遍從對方身上接收到的資訊，了解是否還有其他可以合作的領域。或是，雙方還能如何調和彼此的利益，也許是針對原有的協議、或協議範圍之外的合作，來實現互惠。一直以來，艾絲特會根據雙方未來是否會再度合作，來評估要不要以不同方式進行協商。然而，她說她有道德義務，把每個交易都當作未來**有機會**再合作。事實上，令她驚訝的是，許多人會再回頭找她，而這是她當初沒有料想到的。

在某個私人投資交易案中，由於艾絲特要購買匈牙利布達佩斯一戶公寓，因此跟某個大型建商談判。這個案子頗為複雜，但總之艾絲特最後發現，這戶仍在興建中的房屋，實際面積比建商透露的來得小。「我知道他們弄錯了，所以我問對方的計算方式是什麼。」她仔細爬梳各項細節，而且也能證明自己是對的。但是，沒有任何一家法律事務所願意接受她的委託，「他們說不可能對抗這家公司，即使他們知道我可能是對的。」

所以，艾絲特寫了一封信給建商。她指出，雖然建商可能不是故意的，但是這戶公寓的面積並不正確。她解釋說，或許雙方能單就數字面來看這個爭議，這樣就不是誰說了算的問題。她說她不會簽合約，除非有一個公正的第三方來裁定房屋尺寸。建商的回覆並不友善，他們採取強硬姿態，找了多達六個律師介入這個案子。「他們告訴我，如果我不簽的話，官司可能會打五年。但是我就是不簽。然後建商說，『妳沒有權利也沒有權力。妳這樣做不會有結果的。妳必須簽，否則妳會輸。』」

大部分人面臨這種困局，不是簽和就是繼續戰。而在這個案例中，當然建商並沒有給艾絲特任何攜手合作的理由，也沒有讓她相信任何形式的合作是可能的。這家公司試圖以欺負她的手段來逼她就範。「所以我告訴自己，先不要看談判中不好的那一面。」艾絲特說道。如此一來，機會就出現了。

艾絲特做了兩件事，以更進一步促成一個合作、而非競爭的談判過程。首先，她聯絡了工地主任。「我跟每個人親切地談，問大家這個案子的挑戰是什麼。我平常就會這樣，而不是刻意去刺探消息。我跟工地主任和專案工程師打好交道，這樣在後續談判中，我就能了解對方律師某些行為的動機。」

第二，她寫了另一封信給建商。她表示自己理解雙方上次的會談不太順利，但她希望能轉移焦點到比較正面的地方。她擬出自己能接受的三個不同選項，其中一項是艾絲特買下該公司的另一項物件。她跟對方表示，如果同意任何一項，就能達成協議。

尤其是，艾絲特從工地工程師那裡得知，這個公寓之所以會比本來承諾的來得小，是因為碰到一項工程上的問題，所以這棟建築物某一側的公寓都比原來預計的小。她大可把這項情報寫進給建商的信中，威脅建商若不合作就要聯合其他公寓屋主進行集體訴訟。事實上，她**確實**嘗試這樣做，包括在第一封草稿信中稍微提了一下這項訊息，但是後來她拿掉了，因為她認為如果她也威脅建商的話，就很難創造一個有正面價值的協議。「如果我得靠威脅才能『贏得』這場談判，那我會很難過。這是我現在看待談判的方式。如果你無法用好的、正確的方式來談判，那結果就不會有什麼價值。」

畢竟，以利益為基礎的談判就是希望「彼此理性處事，而不是打倒對方」；[2]以利益為基礎的談判，是解決問題，而非獲勝；以利益為基礎的談判，是能看到雙方利益，並促成一個雙方都滿意的互惠成果。勝利，可以有不同的定義！所謂的勝利並不是指一方得利，而是雙方互利，給彼此奠定未來的機會。

這家建商最後在艾絲特提出的三個選項中，選了其中之一，雙方達成協議。而且不久之後，這個建商的另一個案子出包，還找了艾絲特擔任顧問，因為這家公司信任她。

關於艾絲特的豐足心態故事，或許我最喜歡的一則完全跟商務無關。有一次，她和丈夫及哥哥想要帶她父親去他最喜歡的餐廳慶生，但是訂位卻不知怎地出了錯，餐廳領班態度和藹但堅定地說沒有位子。

艾絲特說，「我微微一笑就離開了。但是後來我又回去找領班，提出幾個可能可行的方法。我提議請他們在陽光曬到的地方加一張桌子，因為我們不介意坐在陽光下（餐廳的遮蔭座位有限，但是我走動時看到儲放區還有不少桌椅）。另一個辦法是我們可以等十五分鐘（訂位者的保留時間）。」

餐廳領班說抱歉不行，當天就是沒有位子了。艾絲特再度離開，她考慮了一下，然後回去跟領班解釋說，那天天氣實在舒服宜人，餐廳附近也令人流連忘返，所以他們會去走走，回來時再看看她或是領班有沒有想出其他辦法。「我心想，就算有人訂位卻沒有來，但是我們離開一下可以讓工作人員沒有壓力，給他們一點時間，或許就會想到辦法。有時候我發現，人會在別人離開之後，才開始想辦法。我知道這一點，因為我常常會回頭再問一下。」十五分鐘之後，她和家人走回餐廳，那個領班說現在有位子了，問她要不要。

值得注意的是，艾絲特並沒有惹對方不快。關鍵並不在於，拒絕聽到「不」，或只是一直重複說著「但我們真的很想要位子」，而是把沒有位子當作一個有待解決的問題，而且是她和領班可以一起合作解決的問題。在面對一個似乎難以駕馭、令人沒輒的問題時，她並沒有抱持封閉心態，而是選擇不同的切入視角。

艾絲特說，「在吃過一頓美好的午餐之後，我親自去跟那些讓我們能有座位的餐廳員工道謝。我解釋說，在生日當天能和子女一起午餐，這對我爸爸很有意義（因為兒女都住在國外）。最後他們都覺得自己很像英雄。我們給了不少小費，但我並不是為了那張桌子而給小費，因為我希望這種互動是基於人情善意，而不是金錢上的交換。」

我們非常容易就掉入封閉心態中。畢竟，把問題歸類到無法解決更為容易。相較於試著以創造力共事，說「不」、「無法」簡單多了。當你與某個有封閉心態的人共事，有時候要試好幾次，對方才能轉化成解決問題的心態。

最近我去百貨公司想要退兩件洋裝，因為買回家後我就發現這些洋裝不適合我。我把收據弄丟了，但是標籤還在洋裝上，所以我沒有想到會有問題。我對售貨員解釋收據弄丟，「是否可以請妳查詢我的刷卡紀錄？」我問。因為我知道，他們通常會有信用卡交易紀錄，以得知購買這項物品花了多少錢。

「不行。」售貨員說，「我不能這樣做，因為這是女裝部門的衣服，所以我們需要收據才行。」我相信她，我了解這是百貨公司的規定。但是，為什麼呢？我不懂為什麼要有這個規定，所以我請她解釋，「是不是因為價格比較高，所以需要收據才行？」

她聳聳肩。「在標籤上有寫。」她指著其中一件洋裝的標籤，「必須要有收據才能退換貨。」她當然是對的，標籤上確實有寫。我說我了解這是規定，（但是，拜託！到底有誰**真的**會去讀標籤呀？）但是我不理解原因。「那麼我可以怎麼辦呢？」我詢問她，希望她能幫我解決問題。

她說很抱歉，我知道她真的很抱歉，但是沒有收據，她不能讓我退貨。這時我盤算著剩下的選項，也就是把這兩件衣服送人。不如就送給她吧？「這兩件衣服妳合不合穿呢？」我問。「如果妳不合穿，那我就要捐給慈善商店了。不如就當作是我送妳的禮物吧！」我是認真的，雖然離奇，但我是說真的。

她揚起眉毛，湊過來看著我，「我跟妳說，如果妳能記得妳是在哪台收銀機結帳的，我們就可以找到那筆交易。所以，或許妳會記得是哪台收銀機……」

「我記得！」我指著第五號收銀機。從我走進那家百貨公司，到她找到門市留存收據為止，花了四十五分鐘，此時我們已熟稔起來，一起設法找出那份交易紀錄。她並不是按照公司規定退給我紅利點數，而是把貨款退到我的信用卡中。

當然，以解決問題的模式來談判並不是每次都能奏效，像對那位法庭職員就無效。但無論如何，好好地協助別人進入解決問題的心態，仍值得一試。

如何拿捏談判的道德界線？

人們傾向於把談判方式分為兩種，一種是認定資源不足的割喉式，另一種則是假設資源足夠的豐足式。當我們採取後者，也就是從解決問題、一心想找出雙方共同利益的立場出發，我們很常會被貼上「缺乏經驗或天真」的標籤。而當我們採取割喉式談判，則是被貼上「好勝、強硬」的標籤。在本章此節，我會說明為什麼「天真」標籤是一種誤解，而另一個標籤則是……有待爭論。

史黛西在底特律創辦了一個任務導向型的社會企業，業務內容是客製化網版印刷，並作為社區聚會場所。她在報名高盛萬家小企業輔導計畫時，因為本身具有社區服務心態而對談判課程卻步。「談判聽起來很嚇人。」她說，「我對談判者的印象就是，他們都是縱橫政商界、有權有勢而且占盡上風的人。」

後來她聽到我在課堂上所說的話，備受鼓舞。因為我提到，最好將談判視為對話，而其中堅實的關係是關鍵。正好，史黛西很能建立關係，她喜歡認識人，所以她想，也許這堂課會跟她有共鳴。

我將史黛西那一班分成幾個小組來做課堂練習，扮演四個不同公司試著向一個賣家購買同樣的物件。這場談判的利害關係很大：每一方包括賣家在內，如果沒有談判成功，就會失去工作。雖然我多數的課堂練習活動都沒有明確的對錯，但是這一次是有的。談判各方都有一個解答，如果各方能攤開手上的牌，每個人都可以得到想要的。在練習活動後的彙報時間，我喜歡讓大家看到談判成果，因為這是最發人深省的一刻：**如果我們開誠布公地說出自己想要什麼，大家都能談到滿意的成果**。雖然有時候學生的自尊會受傷、態度防衛，但是通常這種反應之後是覺察。他們理解到，雙贏解方事實上是可能的，只是需要好奇心、開誠布公交換資訊、誠實，以及尊重。

史黛西做這個談判練習時，當然並不知道這些，但是她把談判當作對話，問對手的利益為何，並且揭露自己的利益。「我的談判對手一心求勝。」她說，「那對我來說很難。他們認為我太天真，因為我沒有興趣蓋住自己的牌。」在這個練習活動中，就如同其他談判中的角色扮演，參與者的反應就跟真實生活中一樣。如果他們抱持稀缺心態，就等於是作繭自縛，無法用坦誠、創新的方式解決問題。結果就是，雙方很難共同做出一個好的成果。

在練習活動最後，史黛西那一組的談判接近破局，無法達到最理想的解決方案。史黛西也跟某些組員一樣沒有達成協議。後來在全班彙報時，史黛西才知道她的兩個組員誤導了她，使她誤解對方的需求及花費。她們採取割喉式談判。她說，「我覺得自己被利用，而且被背叛。我以為大家本著誠信來協商。我覺得自己被騙了。」她當著全班問我，「如果對手在談判時不顧道德，該怎麼辦？」我可以聽到教室裡竊竊私語，大家都知道，接下來的對話會很困難，同學們從來沒有見過史黛西這樣既生氣又受傷。

「妳有沒有為妳的公司談到可接受的最低條件？」我問。

「有。」史黛西說。

「對妳自己的行為，也就是以正直誠信來談判，妳的感受好不好？妳是否忠於自己？」

「是的。」

「那麼妳就談到一個好交易。」我希望她能記得，到頭來，人只能影響自己可控範圍內的事物。這番忠告已經流傳了幾百年，但是人們還是很難將它真正內化。如果史黛西能夠把焦點放在自己的行動，她的行動會更有力，更別提她內心會更舒坦。

全班氣氛熱絡起來，有些人說他們跟史黛西有類似的經驗，並且批評同學的誤導行為。有些學生堅持「贏者全拿」才是唯一合理的方式，當然他們也爭論說，這個案例裡有一個結果是各方都能接受的，但是他們的談判目標卻是窮盡一切找到談判籌碼，然後緊握不放。

史黛西當晚回家時還是覺得不舒服。她說，「後來，我慢慢想通這件事，感覺好一點了。我不再想著『也許我應該試著談到更好的條件』，而是想：不行，欺騙人我心裡也不會覺得好過。」

後來某堂課中，史黛西跟她的小組討論時，有一個同學抱著優越感來評論史黛西的方法，「妳似乎非常天真。我想要幫妳。」史黛西對於自己的談判方式被視為玩票業餘而不是堅守原則，她當然覺得挫折，所以她對那個組員說，「我不是天真，我只是覺得那樣讓我感覺不好。就算會贏，心裡還是覺得很糟。」

長遠來看，開放坦誠的談判風格會有所回報。實情是，如果你可以選擇的話，你就只會跟試圖欺騙你的談判對象交手一次。史黛西的小組中有個女性同學，後來要找人幫她印製T恤，她以課堂用過的類似攻擊手法跟史黛西談，強調她也考慮跟另外一個同學的公司下訂單。這個女人喜歡在不必競爭時製造競爭氛圍，我經常看到這種現象，但是我總是對此很不解。後來史黛西接了訂單，但是她覺得整個過程令人很不愉快，就跟在班上與那位同學談判時一樣。所以，史黛西下定決心以後不再跟她合作。史黛西跟組內另一個女性同學交了朋友，她認同史黛西的觀點，也就是沒必要就別耍心機。她們因為有同樣價值觀而結緣，後來在事業上一直互相扶持。

史黛西小組內這種根本路線之爭，我看過很多。談判者經常在做個「熟練能幹的談判者」以及「不道德的談判對象」間掙扎。雖然並不是每個採用割喉法的談判者都不道德，但這就像走在滑坡上一樣，最後可能停不下來、一發不可收拾。比方說，有一個心理過程，研究者稱之為「道德褪色」（ethical fading），指「人在決策時的道德色彩淡化，導致行為不具道德意義。」[3]而這是因為決策者自我欺騙，或者根本就是編出各種謊言為自己辯解，好讓自己晚上還睡得著。

許多人的態度是，為了達到目的，可以不擇手段。他們可能會這樣想：「我是很直來直往沒錯，但是誰在乎啊？」「我得到我要的結果，而且以後也不會再碰到這個人。我贏了！」這種觀點顯然是史黛西小組內很多人的想法，以為所有談判都是競爭，採取透明化的方法只會受傷害。老實說，有許多談判課的評分方式，完全取決於學生的談判成果。但我認為這種談判觀點是短視近利，而我並不是唯一持這個意見的人。

一八七三年，鋼鐵大王安德魯．卡內基（Andrew Carnegie）碰到一個問題。當時金融市場陷入恐慌，卡內基急需現金來償債。因此，他必須從與摩根（J. P. Morgan）投資的合夥案中，抽出資金。卡內基本來投資的金額是五萬美元，但他認為價值增加了一萬美元，於是他跟摩根要六萬美元。摩根本來可以開一張六萬美元的支票就了結，但是他知道實際上增值了兩萬美元，所以開了一張七萬美元的支票。由於摩根的正直，卡內基終生都對他相當忠誠。[4]

玩世不恭的人可能會覺得這個故事老掉牙了，他們可能會說：當然啦，在一八七三年名聲很重要。但是，現在是現在，精明能幹的談判者必須割喉才能獲勝。

我不認同。但是我同意，每個人都必須建立自己的道德底線。有些道德問題很容易就能回答，例如，我絕對不能接受在核心問題上對談判對象說謊。但是，這裡有很多灰色地帶。而關於誠不誠實的問題也是層出不窮、出乎你意料之外。有些人認為說善意的謊言沒有關係，所以他可以接受自己說法有點不實。像是跟談判對手說你遲到是因為塞車，事實上你是睡過頭，這並不影響談判實質內容。畢竟，沒有任何傷害就沒有關係，不是嗎？在某些文化中，談判時欺騙人是一般原則，所以，即使是說比較大的謊言，也不會被視為不道德。但是，對某些人來說，根本就沒有什麼「可接受的謊話」，謊言就是謊言。

我並不是要描述什麼是符合道德的談判，因為那暗示著我的判斷才是正確的，事情當然不是這樣。我要表達的是，我協助學生了解**他們的**價值觀，並教他們該如何在談判中貫徹自身信念。而對我們所有人來說，找到自己的信念與價值都是一生不間斷的課題。

最重要的是，談判者必須判斷其行為是否違反自己的道德原則。就像史黛西了解到，要談到好的成果，不能以自己的原則為代價。她必須思考，如果自己的行為被登在《華爾街日報》頭版，她會覺得沒有關係嗎？她仍然會認為自己的方法正確嗎？最重要的是，她是否忠於自我？會不會因為遺憾而夜不能眠？

即使你並沒有犧牲個人原則來談判，但是，出於重大的策略考量，你仍得想想自己所用的談判手段，會帶來什麼影響。首先，每個談判者都該思考，對手對任何他認為不誠實的事會如何反應。有些人會想：這是談判，我本來就設想對方會說謊。但是，如果你的談判對象是連無傷大雅的假話都不能原諒的人，你若故意誤導，那麼對方就可能不會再跟你合作。有些人可能容忍度更低，認為沒有揭露所有資訊，就等於說謊。各種信念的光譜很廣，你必須確定自己了解談判對象，（請見第五章和第六章！）並且運用因人而異、因事制宜的談判戰術。

在談判中，誠實很重要，因為誠實能讓你在過程中維持可信度。用一個簡單的例子——「宣稱底線」，就能深刻展現道德的意義。假如你想買一個紀念品，為了盡量壓低價格，你告訴賣家你無法付超過十美元。如果商家回答，「太糟了，我不能用那個價格賣給你。」這時怎麼辦呢？你的不老實害了你。但你又不想走開，因為你是真的想要那個紀念品。而且真相是，你願意付超過十美元。所以你就告訴商家，「好，那我付十一．五美元。」這時你就失去可信度了，因為商家知道你的底線是假的。你再怎麼喊冤，他也可能不會相信你。

大部分人聽到這個例子都不放在心上，會覺得這種講價談判有什麼大不了，買度假紀念品議價又不是攸關生死存亡的大事。但是，談判中的可信度是很關鍵的，不管對手對無傷大雅的謊言的看法是否跟你一致，你的可信度都可能被摧毀。因此，用詞很重要。如果你在小事情上失去可信度，那麼你也可能在後續其他事情上失信於人。如果你的對手認為你不率直，他會提高警覺，還會放大檢視你的話（假如他還願意跟你往來的話）。

至於，為什麼要竭力避免說謊，還有一個戰術上的理由是，你不需要一直記得你說過的不實之詞。沒有人想在談判中花時間精力記住這些無傷大雅的謊言，像是：我剛剛說遲到的原因是什麼？我剛剛說我能動用的資金是多少？所以，只說真相，你就不需要記住自己對誰說過什麼。

在談判中，我會避免拿別人的道德底線說三道四。但是，對於什麼是公平且有效的行為，我絕對有自己的看法。我很認同已故億萬企業家亨斯邁（Jon Huntsman Sr.）的觀點。他白手起家創辦並經營大型的亨斯邁公司。在《贏家從不說謊》（*Winners Never Cheat*）這本書中，亨斯邁寫道，「追求財務目標，並不能正當化不道德的手段。」他明白，必須花上很多年才能建立名聲，但卻可能毀於一旦，「一旦出現不誠信的行為，不信任就會是未來交易或合作的正字標記。」亨斯邁曾任職於尼克森主政的白宮，所以他直接見證了領導人如何因採取不光彩的手段而名譽掃地，最後下台。亨斯邁也提到，他的企業秉持的道德原則經得起時間考驗，而且也能帶來長遠的收益。例如，亨斯邁化工公司與三菱商事在泰國有合作計畫，但是，亨斯邁得知他的公司被要求行賄，所以他決定賣掉當地事業，損失了三百萬美元。亨斯邁要做的是長遠的生意。他的省思是，「以短期來看，基於道德的決定，可能吃力不討好而且無利可圖。但是，外界知道我們在泰國拒絕『付錢』後，從此以後我們在當地不曾被要求行賄。」

然而，亨斯邁也完全認同（事實上是欣然接納）：競爭是企業的核心精神，談判通常並不容易。但是，欺騙和說謊則是越雷池一步。他寫道，「如果你對欺騙說謊的不道德本質，不會特別感到困擾，你可以想一想：欺騙說謊的下場往往是失敗。」

相對地，如果你以行事公平、可敬且可靠為人所知，你也能從中獲益。舉例來說，服飾公司 Skinnytees 創辦人琳達在每一個節日前，會要求員工列出最喜歡的客戶。注意：不是列出最大客戶，而是最喜歡共事的客戶，這些顧客下次購物能有七五折的優惠，就像聖誕老人對他們說，「我在看著呢，你表現得很好。」

做人誠實、懂得尊重會讓你收穫滿盈，而且待人誠實和尊重，別人也會予以回報。這不只是歐普拉主持的心靈對談《超級靈魂星期日》（*SuperSoul Sunday*）會談的內容（雖然我也很喜歡這個節目），更是很有生意頭腦的做法。在商業世界，你或許無法每次都給別人最優惠的價格或是最頂級的產品。但你也不見得要做到那些，因為你的價值主張可以單純是：別人很享受與你共事。就如同傳奇運動經紀人伍爾夫所觀察到的，「想一想：為什麼企業為了跟社會大眾建立起良好關係，要花幾百萬美元在公關活動及公益廣告上？因為他們想要做生意。他們想要創造一個美好的氛圍。他們這樣做是因為行之有效。」[5]

贏得好感的分享資訊心法

如果我們太過保護資訊，並認為談判的唯一目標是堅守己方立場，那麼我們無法發掘出雙方的共同利益。當人們把談判當作割喉式競爭，他們會傾向嚴守所有資訊，就好像在玩撲克牌那樣，不讓對手的計謀得逞。我並不是要鼓吹你分享腦中每一個想法及數字。但是，一般控管資訊的方式有問題，它營造出敵意與偏執的氛圍，而不是開放及坦誠。這也就是為什麼我不喜歡無聲拍賣（silent auction）。❷畢竟，交易的重點就是對話及人際連結，而無聲拍賣兩者皆無，你只能從金錢和價格下手。當中沒有灰色地帶，沒有創造性思考的空間，結局只有兩種：更多或更少、得標或落選。在拍賣市場，創新及合作消失了。儘管它可能創造出很有效率的過程，卻無法產出最大而長遠的價值。

❷無聲拍賣，僅接受書面競標，等到競標時間截止後，即由紙上出價最高者得標。

用電子郵件談判也有類似的問題，而這是我們大多數人一直在做的事。在經濟全球化下，談判對象可能遠在幾千里以外，所以當然要善用科技。不過，如果你必須用電子郵件來談判，我強烈建議你第一次還是要見面談，以便交換資訊並且更了解對方。如果不可行，那麼試著使用視訊軟體或其他方法，讓你們可以**看到**彼此，就像當面溝通時你能獲取額外的資訊一樣。此外，如果你要在電子郵件或手機簡訊之間做選擇，一定要選電子郵件。傳簡訊會漏失更多資訊，而我們愈是減少人與人之間的接觸，就愈是打開溝通不良的門。

盡量獲取資訊，同時抱持著豐足心態，你就能定下直率坦白、公開透明的談判基調。你會更了解對方的利益，因而為你的談判增加籌碼。但是，你不會想要講出**每一件事**，所以要仔細思考哪些資訊要分享、哪些有所保留。

在談判之前，想一想你掌握了哪些資訊，並且自問，「如果我分享這個會怎麼樣？這項資訊對我有益還是有害？」在多數情況中，不會造成傷害的資訊即使揭露了也無妨，但是人們通常會隱瞞，卻沒想到其實分享出來能幫助他們賺到形象。大多數人只會用有限思維，以為守住資訊能給自己增加力量，或是認為分享任何資訊可能會被人利用來對付自己。

二〇〇〇年，娥蘇拉．柏恩絲（Ursula Burns）還沒有當上全錄（Xerox）執行長，但她是扭轉這個深陷泥沼的公司的重要一員。全錄向來以製造及維修複印設備聞名，但在數位時代複印已經過時，娥蘇拉與時任總裁安．穆凱伊（Anne Mulcahy）面臨著艱鉅的挑戰。為了節省成本，他們必須把製造外包，但柏恩絲必須先闖過全錄工會這一關。這不是簡單的談判，因為製造外包就表示裁員，而且是大規模裁員。柏恩絲需要跟四千名員工組成的工會談判，但她態度坦白透明、不遮遮掩掩。「我盡可能詳細地說出事實的真相。」柏恩絲對《快速企業》雜誌（*Fast Company*）談到那次會面。穆凱伊說，「她真的讓工會理解到，接下來要不是只有零星工作、就是沒有工作。每一個人都會受到影響。這是生死存亡之際，沒有其他辦法。」[6] 柏恩絲充分思考過手邊的資訊，她了解到，分享這項資訊不會傷害她，反而能用來贏得好感。

我們再來看另一個例子。這次是一家鐵路公司為了尋求乘客支持、協助讓車廂保持清潔，而跟乘客協商。車廂裡的廁所有一個告示是：「我們知道您並不滿意廁所的清潔度。我們正在找解決方法，並且採取暫時性措施，例如在幾個車站派更多人力上車清潔。同時，我們要請求您的協助，為下一個乘客著想，維持廁所清潔。」這份告示如此誠實，我非常驚訝。如果是戴上寵物錐狀頸圈的觀點，那就會是：「一切都很好！我們的乘客喜歡我們，甚至更喜歡我們的廁所！」然而這並不正確。鐵路公司知道乘客並不滿意，乘客也知道。那把這項資訊隱藏起來有什麼意義？為什麼不揭露這項資訊來強化雙方關係？

我幾乎每次都會鼓勵大家要積極分享市場資訊及客觀數據，例如汽車估價公司凱利藍皮書（Kelley Blue Book）的鑑價資料，或是不動產聯賣資訊網（Multiple Listing Service）的數據，這些都是大家談判之前可以掌握，並且在談判結束時能夠確認的資訊。如果你疏忽了分享這項資訊，或者更糟的是你說謊，那麼對方會認為你並不坦白，或是認為你見識淺陋。而這不僅不利於你將來跟他們再談判，也無助於你提升長遠聲譽。短期來說，則會讓你顯得資訊不夠充分或是不正大光明，導致你更難主導對話。反之，如果你分享這項數據，就代表你願意教對方，而且把談判當作解決問題的方式。你鼓勵對方卸下脖子上的錐狀頸圈，打開天窗說亮話。而這是有效的。研究者發現，當別人揭露敏感資訊，人們會分享更多資訊。[7]

撇開其他不談，你花時間教育對手，雙方對談的資訊會更充分。比起無知的對手，你會更享受跟一個資訊充分的對手談判。二手車銷售商車美仕（CarMax）就秉持了這樣的原則，並成為了財星五百大企業之一。在二手車銷售市場，向來是關鍵資訊不外洩，但車美仕進入這個產業的想法是，「我們希望消費者得到充分的資訊，同時也希望一切都公開透明。」如果你跟他們買車之前沒有時間做研究，他們還提供電腦可以讓你立刻查資料。他們希望消費者了解產品，而且認為這樣做不僅可以節省時間，還能促進良好的商務往來。車美仕認為，如今資訊廣泛流通，做個知情消費者並不難，問題只在於消費者要不要吸收資訊。

如果有些資訊你不想分享，那麼你要想清楚，若對手問起，你要如何因應。例如，某人問「你的底價是多少？」你可以說「我不想花超過……」正如我前文所述，這跟直接說出底價完全不一樣。研究也顯示，如果某人舌粲蓮花、很懂得規避問題，聽者根本不會注意到對方已經轉移問題。[8]然而，不是每個人都能輕鬆迴避令人討厭的提問，這是一項需要磨練的技能。不過，只要看看任何政治人物在晨間新聞受訪，你就能看到實際教材。有些人轉移問題的方式是滔滔不絕地講自己的論點，不禁令人懷疑為什麼還需要訪問者在場，但這種政治人物只是在做競選演講罷了。有些人則巧妙地給出一個堅定的答案，但觀眾可能要反覆看那個片段兩、三次才意會到，他們實際上根本沒有回答問題。CNN節目主持人傑克・塔伯（Jake

Tapper）出名在於，他不讓川普迴避問題，聽到對方沒有直接回答，他會說，「說得好，但是請你回答問題好嗎？」如果你的對手像塔伯那樣不讓你迴避問題，你還是可以說，「我現在還沒有準備好回答這個問題。我們可以之後再談它嗎？我想再多考慮一下。」請找出適合你的方法。畢竟，要保留策略性的資訊，沒有唯一正確的做法。

說到分享資訊，我建議，至少在剛開始要給出足夠多的訊息，比你習慣的還要多。人們自然會想保護自己掌握的資訊，但當你克服這個情況，漸漸你會比較舒坦，也會覺得更能掌控整個過程。此外，恐懼感減輕，也有助於你更理性思考什麼資訊應該分享、什麼不應該。

克服棘手談判的新局思維

我跟教過的學生再度聯繫時，最常聽到他們說，談判時抱持豐足心態使他們找到最大的施力點，因為這讓他們知道可以拒絕糟糕的條件、討厭的客戶，甚至是一段不好的關係。就像富蘭克林（Benjamin Franklin）所說的，「抱著必然的心態，絕對談不成好生意。」

就拿 Skinnytees 的創辦人琳達為例。她早期事業成功的關鍵是，電視購物頻道QVC選了她的產品並且賣得很好。跟QVC合作的五年期間，琳達與三個採購人員共事過，跟三人所簽的合約也大致相同。後來有一個新的採購人員，我取名為史黛芬妮，她改變了合作條款。史黛芬妮非常渴望成功，她想出名。她向琳達提出一個費用架構及退貨率指標，使得 Skinnytees 必須承擔額外風險，並可能造成 Skinnytees 財務損失。琳達試著跟這個新採購解釋她的為難之處，並且說之前的採購都是抱著**合作**心態，大家共同想出通用的協議。但是，史黛芬妮卻不是這樣，她不願意協商。

所以琳達必須做出決定：她是要跟這個貢獻大量營收的巨頭繼續合作，但是可能造成財務損失？還是尋求其他市場？琳達說道，「我對她說，『我們很喜歡你們公司，也不想要雙方分道揚鑣。而且，你們的顧客也不會樂見這種情況。』」但最後，琳達決定離開。「那對我們造成了巨大的影響，大家惶惶不安。情況太可怕了，簡直令人難以置信。但是，這個決定讓我們在許多方面都成長了。現在我不再依賴任何一個買方，而是會尋求許多不同的銷售管道。以前我會想，還是簽了吧。

但後來我相信自己可以不要接受那種條件、可以掉頭離開，而我真的這樣做了。如今，QVC購物頻道甚至回頭來跟我們重新談條件。」

琳達還跟另一家她也很喜歡共事的迪拉德百貨公司（Dillard's）終止合作。以前她的服飾在這家百貨的全國四十七個店面展售，但琳達看到他們把她的衣服放在內衣部門，掛在胸罩和內褲之間，這讓 Skinnytees 顯得像是低階品牌，但它不是。她很不喜歡那種擺設方法。「我們跟店經理見面，我說，『這樣看起來很糟糕，我們可以怎麼做？』店經理對我說，不然設一個品牌專櫃好了。但是總公司不答應。我們喜歡跟他們合作，但是我必須離開，因為那樣的擺設對我的品牌是個傷害。」然而，琳達與對方沒有撕破臉，所以過了幾年當她想出新的、適合彼此的擺設方法後，雙方仍能繼續合作。

經營果汁公司平底帆船的丹娜也有同樣經驗。當時，為了讓各家超市滿意，每一間果汁公司都在削價競爭，有一陣子丹娜也這樣做。「後來我想，這些超市本來就不是好的合作夥伴，為什麼我要討他們開心？」她說在那一刻，她覺得自己充滿力量，認知到她應該往好的方向、也就是對**她**有意義的方向邁進。「我們不能為自己真實的樣子道歉。而我們的客群正是精品旅館、高級餐廳。」平底帆船今年將會獲利，而這在果汁產業是很不錯的成就。「在生意談判上，我什麼都可以談。」丹娜說道，「所以我們要找到**好的**對象，跟他們談。」

潔西卡・強森（Jessica Johnson）掌管家族的私人保全公司，最近遇到的難題是失去一份大合約。「我一得知這個合作關係要終止時，第一件事就是打電話給銀行。我說，『本來預期可以做的生意取消了。』」可想而知，銀行的回覆是，他們必須知道公司的後續計畫。「我開始著手寫計畫書。」她說，這讓她即使在知道壞消息後，仍能維持豐足的心態。「假設我們損失二十個人，我們還有一百個人。我實際計算過後，知道全美國有八千家保全公司，其中九五％年營收不到五百萬美元。」（強森保全是屬於前五％。）她也知道，女性經營的企業中，不到一三％的營收超過一百萬美元（而她屬於那一三％）。「我這才了解到，我很珍貴獨特。即使我們沒有做成那筆生意，我還是名列前茅。」潔西卡的豐足心態，讓她更有自信回去跟銀行談，並且以同樣的信心去接觸新的潛在客戶。

我們也幾乎有辦法與自己談判。比方說，安娜就在心裡跟自己談判。她正在考慮從行銷部門離職，因為三年來都沒有獲得晉升，而且根據老闆的說法，未來也不會有升遷。她考慮改做自由接案者，但是有許多合情合理的理由，讓她害怕改變，包括不會有固定收入、可能會沒有客戶、必須要自己負擔醫療保險等。所有這些合理的恐懼讓她不敢對老闆提出要求，因為她覺得自己沒有影響力，她不能離開。

但是，當她以豐足心態跟自己談判，她發現自己其實可以離開。理由包括：如果成為自由工作者，她認識好幾個潛在客戶。或是，她不需要接很多客戶，因為接案時薪比員工時薪還要高。還有其他理由讓她有信心成為自由工作主，像是：她的工作品質比同行好，她可以界定出與別人的不同；她能接觸不同型態的客戶，接下報酬更高的案子，而這些是原來的公司不會去接觸的工作；而且，如果案源青黃不接，她還可以去做短期約僱人員。最後，她總算離職了。當然，她的案量並非源源不絕，但是確實有足夠的案源。

認識我的人沒有一個會形容我天性樂觀，但是在理智層次上，我認為當我們相信可能性、相信豐足，就會有回報。這個道理不僅在談判時適用，為人處事亦然。我相信是豐足的心態，讓我們得到的**不只是**成交而已。

好幾年前，我在美國國際發展署（U.S. Agency for International Development，USAID）擔任體育促進發展領域的資深顧問，這是一份很棒的工作。該組織每年例行在九月舉行的聯合國大會上辦一、兩項大型活動。而在接任資深顧問後不久，我出席了一場會議，討論我們可以舉辦什麼大型活動。當時我對這些事情所知不多，但是我主動提議辦一場體育活動。「我可以找來許多知名人物。」我說，「這場活動會非常精彩，而且也能提升我們的知名度、讓世人看見我們的不同面貌。」不到一週，我的提案就通過了。

但我沒有料想到的是，要辦理這種規模的活動需花費極大心力。我們只有大約一個月時間去確認名人檔期、寄出邀請函、協調諸多細節，還有處理物流問題（因為活動在紐約舉辦，但我們的機構在華盛頓特區）。那一整個月雖然很累，但累得很過癮。最後活動辦起來了，參加的人都非常激賞。

我在USAID工作得愈久，愈明白這個運動盛會是多大的成就。我毫無畏懼，因為我不知道要怕。我不清楚官僚問題，所以我沒有讓擔憂抹煞了我的雄心壯志。幾年之後，我變得愈來愈官僚、愈難從宏大的角度思考，像那次建議舉辦體育活動那樣。到了今天，當我發覺自己抱持著稀缺心態時，我會試著回溯任職初期的我是什麼樣子。我一直都想成為一種人——那種不會畫地自限，而是告訴自己「**為什麼不？**」的人。

當我發現自己的想法是「我做不到」，無論那件事是找到價格合理的旅館，還是在截止日期前趕完工作，我經常會想到那個安排日程的法庭職員。我想像她會無動於衷地聳聳肩，多麼容易就說不。她真的幫了我的忙。（好吧，也許還是不要說得這麼誇張好了。）無論我是在跟自己還是跟別人談判，我心裡清楚明白，我**不想**變成某個樣子、我**不想**落入某個思考方式、我**不想**那樣做事。然後，我能做的就是摘除眼罩、調整心態，轉而想像事物的可能性。

第9章

內在力量：談判的最佳施力點

在《永不妥協》（*Erin Brockovich*）這部電影中，由茱莉亞·羅勃茲（Julia Roberts）飾演的單親媽媽在法律事務所工作，沒有法律學位的她跟律師老闆一起追查太平洋瓦斯電力公司（Pacific Gas and Electric，PG&E）因為汙染水質而造成居民中毒的案件。代表PG&E的三位衣冠楚楚的律師來到她工作的那家小事務所跟她的老闆開會，她找來兩個辦公室職員一起助陣，四人對三人。那兩個辦公室職員不說話也不做什麼，其實他們也不需要做什麼，因為他們來參加這場會議的目的，就是要展現小公司不會寡不敵眾，而且也拒絕受威脅。

大部分人認為，談判籌碼取決於有多少錢或多少資源。但是，就如同電影這一幕所示，決定談判籌碼的是我們看待事物的眼光，以及我們怎麼把自己帶上談判桌。如果你相信自身力量，你就能反映出你的力量。由於這個原因，我認為第九章正好是第一章的對照。第一章寫的是對自己講妄自菲薄的故事，不利於我們談判。而本章我寫的是相反的現象，也就是，當我們真正了解自身的力量，我們就掌握了談判籌碼。

我在第一章提過雙語鳥的創辦人莎拉，她以前覺得談判令人卻步。身為少數族裔女性（伊朗、墨西哥、猶太混血），而且比多數事業夥伴還年輕，她一直不了解自己的施力點在哪裡，直到她理解了自己的力量。她說，「我跟白人男性談判時，他可能比我年長、又是十多家幼稚園的代表，但我現在不會像以前那樣愣住，也不會想方設法地避開錢的話題。」相反地，現在她會專注想著，她身上流著談判的血液，而且從小她就看著爸爸光是買衛浴用品也能跟人講價，還有她來自源遠流長的伊朗商人文化，從人類文明之初就一路流傳下來。她說，「我可以利用那一點。」而且，她還有一種能夠跟任何人連結的超能力，這多半是源自於她的多元文化背景。現在，談判時她會告訴自己，「雖然我是墨西哥和伊朗混血，又是女性，但我擁有的並不比你少，甚至我可能還擁有更多。」

我的學生瑪麗艾倫也經歷過同樣的心態蛻變歷程。她的內容行銷公司雖然小，但是客戶不乏世界知名的大企業。她說，「我自然會感覺到，對方有權有勢、而我只是個無名小卒，對吧？」而這種心態會讓她扼殺自己的利潤，最後扼殺她的事業。但後來她想明白了。「如果他們不需要我，他們不會來找我。而且，雖然公司規模差異很大，但那並不表示我沒有力量。我其實握有相當可觀的力量。」

瑪麗艾倫的公司業務涉及大量寫作，這類工作的報酬是有名地低。她說有時候她碰到的人會認為，寫作者多得不值錢，而她很幸運因為拿到的報酬很不錯。聽到這種話，她內心深處總是有一絲不愉快。「我不是寫作者。」她說，「我是商業策略規劃師，我用內容來解決商業問題。」

而她與客戶坐下來談時，眾人都能感受到她的氣場（就算氣場不夠強大，她也會設法提升）。最近瑪麗艾倫跟一家跨國展會公司有個合約協議，她表現得相當率直，她跟對方解釋，除了她公司以外，另外只有兩家同質企業可以相比。她說，「這些人是我的競爭者，他們都很能幹，如果貴公司認為他們比較適合你的需求，這裡是他們的聯絡電話。這兩家公司的人我都認識。」自從她改變心態之後，公司營收多了四〇％。她說，「我完全清楚我的地位，我知道我可以和什麼劃上等號、也知道哪些是不可取代的。」而這一點造成很大的改變。

本章的重點是，我們可以運用許多不同方式來了解自身的力量，標舉自己的施力點。但是，並不是一張處方就能治療所有人，每個人都有獨特的力量，要自我覺察才能找出來。神話與英雄故事之所以充滿張力，正因為主角為了追尋自身力量，不斷驅策自己前進，舉凡《黑豹》、《神力女超人》、《飢餓遊戲》都是如此。找尋力量，就是他們成為英雄的冒險之旅。

從限制找出獨特優勢

柯洛切克的資歷相當亮眼，她掌管過美邦證券（Smith Barney）、美林財富管理（Merrill Lynch Wealth Management）、美國信託（U.S. Trust）以及花旗私人銀行（Citi Private Bank），並且曾任花旗集團的財務長。在清一色男性經理人的華爾街，她是少數的女強人之一。柯洛切克在《勇於擁有》書中寫下她的觀點，認為自己的成功優勢就是女性特質。

柯洛切克說，女性擁有獨特的力量，同時她也很快指出，男性也有力量，她的觀點並不是打擊男性而是強調多元。但是，女性通常比較不喜歡風險，而厭惡風險會讓公司更穩固、做出更好的決定。女性擅長管理複雜事物，而且更注重關係、深謀遠慮、獎賞學習心態、看重工作意義。每一項特別的「女性」技能，都讓她在工作上更如魚得水。例如，早期她擔任研究分析師時，因其注意到風險，而在一份報告中警告次級借貸行為。這篇報告的標題是「慢著！停下來！」（Whoa, Nellie!），發表的年分不是二〇〇八年而是一九九四年。當時她想寫這篇報告，別人卻說她這樣是自斷生路。當然，二〇〇八年金融危機有許多成因，但是柯洛切克認為，主要因素是缺乏像她這樣的多元聲音。她說華爾街大部分的決策者是「一起工作數年的人、上同樣的大學、送小孩去同樣的學校、接受同樣的訓練課程、在同樣的餐廳吃飯、同時升遷、一起度假、一起打網球、一起喝酒、同為某些公益事業董事會的成員」，[1]而她的與眾不同、她女性特有的避險方式，使她在同行中出類拔萃。

柯洛切克相信，由於她注重關係，因此能更勇於開口談錢，因為她有全方位的大局觀，而這正是本書第五章的要點。柯洛切克在投資研究機構桑福德伯恩斯坦（Sanford Bernstein）擔任執行長期間，由於她注重關係的特質，使她注意到這個組織並沒有真正服務到客戶，因為它有投資人以及企業這兩種客戶，而兩造的根本利益是衝突的。雖然金融界大部分研究部門都能為兩種客戶提供建議，但是她提議公司退出投資銀行業務，這樣才能真正服務投資客戶。在網路泡沫化期間，大部分競爭者收到高達數億美元罰款，而柯洛切克卻登上《財星》雜誌封面，標題是「最後一個誠實的分析師」。

不過，注重關係也讓她付出相當大的代價。她做了那個決定之後，桑福德伯恩斯坦連年虧損，很多年之後才顯示出她當初的決定是明智的。而她在花旗集團工作時，由於集團錯估某一投資組合的風險，她極力主張補償某些客戶的投資損失，因此被解僱。她談到當時心境，「我變得非常執著，滿腦子只想著我們讓客戶失望了。畢竟，我們跟客戶建立關係，客戶信任我們的投資決定是正確的。我想著，如果我不再為客戶著想，那會對公司造成長遠的傷害。我們摧毀了客戶對公司的信心，他們怎麼還願意拿出辛苦錢給我們操盤？」2

然而，由於柯洛切克以大局為優先，也代表她現在從事的工作比以前更好。她創辦了專為女性設計的數位投資平台 Ellevest，也成功地經營這個事業並得到滿足感。她漸漸明白，雖然她因為自己的特質被解僱，但將來她仍會從一而終。「我被解僱是因為我與眾不同、敢挑戰共識；因為我勇於表達自己的立場、敢於反對常理……我出聲警示風險、重視長期影響，也把客戶關係放在短期獲利之上。」

她說，女性不一樣，「這正是我們最大的長處，也是我們在現代職場上的競爭優勢……我們要為自己貢獻了不起的女性特質喝采，而不是為它道歉，我們要允許自己在工作上表達自我。」

當我們發揮女性獨一無二的潛能，我們訴說的故事是有力量的，而非軟弱無力。比方說，全錄公司前執行長柏恩絲出身為貧窮的非裔美國女性，有些人說她綜合了三種不利因素，但是她對《時代》雜誌說，「我是名數理工程師，而這個領域裡通常都是男人，甚至大部分是白人男性……但我還是要說，差異通常是好的。妳可以把性別和種族差異當作優勢，讓它變得有正面意義。當妳的表現與其他人不相上下、甚至更為突出，妳就會被注意。妳必須保持專注，不要向眾多阻力低頭，而是將它化為妳的優勢。」[3]

迴紋針換房子：故事的魅力

在我教的某些班級中，我會加入一個很受歡迎的練習活動，那就是給每個學生一個迴紋針，每個人得在數小時內，拿這枚迴紋針跟別人交換東西。為了提振學生的士氣，我播放了一則新聞短片，內容是有個加拿大人凱利．麥克唐諾（Kyle MacDonald）拿一枚迴紋針一路換到一棟房子。[4]我會講述以前的學生用它換到什麼，包括一台迷你冰箱、一部印表機、一個伸縮喇叭，學生們都不相信這是真的。接著我給他們兩小時，鼓勵學生在校園裡四處走動，用適合自己的方式談成協議。

其中一個學生迪倫想到麥克唐諾的成功，並不單單只是因為用迴紋針換到物品，更是因為有話題性。麥克唐諾換到一台雪上摩托車之後開始登上新聞版面，所以每個人都想參與這個令人興奮的事件，跟物品本身已經沒有關係了，重點是故事。迪倫也可以那樣做。他出生於戲劇世家，因此他喜歡穿上華麗的服裝，演出精緻的萬聖節舞台劇。他在學校的新聞報工作，所以他很習慣組織一個故事。迪倫可以扮演故事裡的一個角色，並邀請旁人一同參與這個故事。

他穿上一件浮誇的亮片外套，開了一個臉書專頁，指引讀者來到他在校園中央設置的攤位。他用公寓宿舍裡現成的材料做了一個招牌，就這樣開始交易。

迪倫說，「一開始來了幾個我不認識的人，他們想的是『我要登上那個臉書專頁』，而這正好就是我要的。我覺得很好玩，所以愈做愈順。如果我是打電話給朋友說，『可不可以跟你交換東西？』我不覺得自己會做得一樣好。我不能像在騙別人進來，而是別人可以從交換之中得到價值。他們可以視我為平等、公正的夥伴，我提供他們想要的東西，而他們也參與這個交易。」

最後，他換得一個雷射雕刻山脈圖騰的威士忌酒杯。在這個活動中，迪倫之所以成功，主要是因為他了解自身的力量，並掌握了戲劇元素，讓人們覺得自己身處在一個故事當中。他將這股力量作為籌碼。他並不是平白無故跟別人要東西，而是邀請別人參與一件有趣又獨特的活動。他能為他人提供價值，而他也善用了它。

提出願景的人

我的學生布萊利在紐奧良經營活動場地租借。有一次下課之後他來找我說，他不想調整場地租借費用表。因為他的顧客可以清楚看到價目表，從中挑選自己要的服務，只需一下子就能完成交易。而快速、較短的銷售週期是適合他的商業模式。所以，他不覺得我在課堂上所強調的「交換資訊」及「了解客戶」，適用於他的公司。

「但我不是這樣看的。」我說。布萊利有無限的潛能，比方說，他非常懂得與人交往，這一點無庸置疑，因為同學都很喜歡他，每次協商時他都能夠獲得很多資訊。他知道自己擅長交換資訊，他只是不相信這種力量有助於他的生意。我鼓勵他事前多花時間了解顧客，這樣他就能更有效區分客戶的需求和利益。我要他拋開一套走天下的方式，而是以好奇心去接觸每個客戶，把自己當成解決問題以及提出願景的人。布萊利有點遲疑，所以我問他這樣做會有什麼損失。他跟班上其他人一樣不停工作，犧牲家庭時間又過勞，而且，如果無法讓公司獲利成長，下次景氣不好時他可能會有風險。因此，他答應試試看。

這次課後討論之後，布萊利接到一對潛在客戶的洽詢，他們要為女兒辦猶太成年禮派對。布萊利邀請他們參觀空間並親自導覽，而且他決定要運用好奇心，多花些時間跟對方交流。他問的是一般辦派對會問的問題，但是他放慢速度，努力了解他們。這對父母都是辛勤工作的醫生，父親來自佛羅里達州，母親來自德國。「對談非常順利而且相當有趣。」布萊利更進一步認識了這個家庭、了解派對主題將是好萊塢式的猶太成年禮，並發現客戶的女兒竟然跟布萊利的兒子上同一個學校。布萊利也得知這個家庭以前來過他的場地參加另一場成年禮，也發現他的場地有很大的地利之便，因為猶太會所近在咫尺。布萊利先前雖然知道這一點，但卻沒有想過這會是個巨大優勢。

媽媽解釋說，女兒想把這個派對辦得很盛大，但是父母親忙於工作通勤，所以無法做到女兒夢想中的一切，除非布萊利可以為他們張羅。「這樣一來就更好玩、更有收穫了。」布萊利後來向我報告，「我打從心裡喜歡幫助別人，也喜歡很酷的新事物。我會全心投入，為大家創造非常獨特的經驗。」這就是他的力量。「客戶都很喜歡結果而且非常感激。問題是我從來沒有想過，我自己、我的時間、我的創造性，是有價值的。」

擁有好奇心讓布萊利能展開有人情味的互動，而不單只是視其為一場交易。透過這個過程，他理解到自己是某個共同目標的夥伴。儘管在為對方估價時，他的開價比表定更高，但他要自己別懷疑這樣做到底好不好，或是「預期對方會砍價」，而是專注在這場活動的規模與真正價值，聚焦在滿足客戶需求、辦出一場華麗絢爛的派對。

當然，布萊利也可以辦出一個客戶可接受又能獲利的猶太成年禮派對，但是他要創造的是一場絕無僅有、為一位充滿活力的年輕女孩量身打造的派對。布萊利以她對好萊塢的喜愛及熱情為主題設計了這場派對，讓她的家人及朋友能身歷其境、一起享受。布萊利說，「我提出報價時，媽媽立刻就下訂了，還告訴我他們準備了更多錢來完成這個很棒的主題，而且很滿意有人做事的動機不是只為了錢。」省錢不是這個客戶的利益，讓女兒開心才是。這對父母很忙、沒有時間，因此能很快決定租用場地並且訂下活動。而且，布萊利的開價也沒有過高，甚至相當合理、一點也不貪心。最後他才認清，自己的服務和技能的真正價值是多少。

從這件事情開始，布萊利更懂得發揮自身的影響力。他開始參加賽斯·高汀（Seth Godin）的行銷演講，而賽斯·高汀也強調同理心行銷，布萊利因而更把公司重心著重在這裡。「我開始注意到，有些新娘子會在凌晨一點四十五分、兩點、三點鐘發信來詢問場地。當然我不會在那個時候起床帶她們去看場地，但是我開始更深入地想，為什麼她們會在凌晨兩點想這件事、她們想知道什麼，而我可以怎麼幫助她們。」他希望對客戶來說，整個租借場地的流程更容易上手，所以他決定投資虛擬實境並配上音效，讓新郎新娘可以在任何方便的時間或是焦慮失眠的時候查看。

布萊利說，「有些經營者可能會想，『怎樣才能方便行事？』而且會避開比較棘手的客戶。但是我認為不能這樣，我的獨特之處就在於：提供客戶更方便的服務，這正是我的公司的差異化因素。這樣做比較困難，但是我喜歡。因為我努力嘗試，所以我能超越競爭對手。」這樣做是成功的，因為布萊利創下了有史以來最好的業績，他的目標是下年度業績再增加三五％。

從內向到脆弱：翻轉談判的隱性優勢

第二章我介紹過瑟貝斯欽，他試了三次終於說服韋恩州立大學讓他在校園內開理髮店。他最主要的感受就是感激。他的觀點是，自己是個剪頭髮的人，想要開一家理髮店，最後得到這個機會，因此他非常開心。

從一開始，他的開店計畫就包括邀請有趣的講者，讓這個空間更活絡，並且在來店理髮的人之間建立連結。有個朋友認為「這是黑人的理髮店」，瑟貝斯欽說不是，但朋友堅持說是。「我心想，這是貶低我們的文化，我要提高這家理髮店的形象。」瑟貝斯欽說。他想到，大家對非裔美國人理髮店的刻板印象就是個社區八卦中心。

瑟貝斯欽想要避開那種刻板印象，所以他把焦點放在吸引留著各式各樣髮型的人來剪頭髮。到了開店第二年或第三年時，瑟貝斯欽才了解到自己帶來的價值，「我差一點就忽略掉這個理髮店所建立起的文化。」他說，「我們在成長的同時，也把各種有趣的人帶進韋恩州立大學，我們讓人們有機會接觸到這些有意思的人。」他這才明白，他的理髮店「社交俱樂部」為底特律的復甦扮演了重要角色。「我了解到，我也能貢獻價值。我是個黑人，身處在一個八五％人口是黑人的城市。」社交俱樂部歡迎所有的客人，但是他也理解到，「這是一個黑人的理髮店，因為它是黑人經營的理髮店。」

當他考慮擴店成長的時候，他的經營觀給了他許多施力點。「在底特律做促進開發工作的人都在訴求多元包容。就像我來自密西根州的弗林特（Flint），在底特律長大，我知道底特律人現在**需要**的就是這一點，他們**需要**社交俱樂部。」當初他極力撇清的特點，此刻卻成為他最大的施力點，即他能提供給顧客真實的體驗。

我看過許多像瑟貝斯欽這樣的人，他們對於某一部分的自己一直有著掙扎，一直覺得那是個缺點，但是真正面對它時卻發現那其實是優點。這個理髮店的種族包袱就是一個例子。

另一個例子是內向特質。作家蘇珊．坎恩（Susan Cain）跟我一樣是個內向者，她以前在法律事務所工作，而且，信不信由你，她的職位是談判顧問，後來才改行去寫作及教書。她注意到，內向者一直被說要多多出門見人、要去社交等等，就是去做一些內向者做不來的事。她在TED演講談到「內向者的力量」，旋即造成轟動，而她出版著作《安靜的力量》（*Quiet*）也立刻熱銷。原來，有這麼多人並不認為內向是種超能力（雖然我們很想這樣想）。然而，我們的確應該要發揮內向的力量。比方說，內向者會注意到人們的一舉一動；內向者生性謹慎，是很好的聆聽者，而且深謀遠慮。這些在談判中都是很棒的特質。

情緒能力也是一樣。例如，茱莉亞來上我的談判課時，她很確定自己會上得很吃力。她在重返華頓商學院念書之前是一名顧問，從她的業界導師和工作經驗中，她認定了展現情緒和脆弱就表示軟弱。茱莉亞覺得問題出在她生性坦誠、富有同理心。當她來到我的班上，她以為自己得埋沒那方面的性格。

第一天上課時或許看起來確實是那樣沒錯。那次上課我沒有多做開場白就將學生分組做模擬談判，再請各組回報，然後我將結果呈現給大家看。茱莉亞並沒有做得很好。她回想起那次談判練習，「我的對手很狡詐。每個人都想贏。每個人都是那樣看待談判。我記得我回到課堂上覺得非常尷尬，心想我要怎麼上完這個課程？我人太好了，很容易上當。」

沒多久之後，我就開始在班上講布芮尼．布朗（Brené Brown）的著作《脆弱的力量》（*Daring Greatly*）。我把脆弱的力量跟談判連結起來，並解釋道，公開坦誠地告訴別人你在談判中的感受，是很棒的力量來源。茱莉亞說，「我對『脆弱是有力量的』這個主張很有共鳴。因為脆弱是人際關係的一部分，而人際關係是談判的關鍵。」

茱莉亞本來把談判視為孤立又可怕的活動，後來她掌握到談判跟EQ有關，以及談判指的是真誠開放地對自己和別人，說出自身的需求及理由。現在她允許自己在談判時忠於自我，她了解到那其實就是最大的力量來源。這並不表示她必須和盤托出。不過，說詞很重要，她會仔細考慮要跟別人說什麼以及如何說，而對於真正棘手之處她也會直言不諱。現在她又回到顧問工作，「我現在知道，向客戶推銷專案就是一種談判。我們規劃出一個方案來協助他們，然後我們必須跟客戶一起決定哪些對他們是最重要的，以及我們要如何調整工作重心以及團隊成員，才會更適合他們。我們必須有所取捨，清楚知道雙方的期望，釐清我們要做什麼、不做什麼。

我們必須貼近客戶真正的需求，但這並不表示為客戶做愈多就愈好。我們不害怕告訴對方，他們要我們協助的並不是我們的專長，他們的錢花在這裡也不是最好的用法。而在談判過程中保持公開坦誠、展現脆弱，並竭力溝通，也有助於我們發揮自身長處，並幫助客戶將資金投在正確的地方。我不會繃緊神經進行這種對話。我們了解他們的需求，他們也了解我們的條件，這樣有什麼好擔心的呢？」

果汁公司平底帆船的創辦人丹娜跟茱莉亞的個性很像，她本來也有一樣的恐懼。「我進入這個行業時心想，我是個女人，而這個行業已經很飽和了。每次跟別人談判的時候我一定會被壓得死死的。」後來在課堂中我們談到，同理心的力量會讓你成為出色的談判者，「那堂課剛好就在我跟我的治療師談過之後一週，我們談到我很有同理心。」丹娜說，「別人說過我富有同理心，但我從來沒想過那會是我的優勢。當我明白這是我的超能力之後，信心大增。」

美國談判代表雪蔓大使跟伊朗交涉核武議題時，有一個轉折點是她跟伊朗大使談話時因為深感挫折而流下眼淚，她記得當時對方非常驚訝她流露情緒，因為「他們從來沒看過這個出於本性掉眼淚的溫蒂。」[5]雙方談判僵局已經持續數月、甚至數年，直到那一刻才改觀。「我深感挫折，忍不住真情流露，在無比真實的那一刻突破了一切。」雪蔓寫道，「做自己，即使那表示讓眼淚流下來，也會是我們最有力量的時刻。」

經驗的力量

建築師葛林入行已經三十年，是個設計老手了，但是每次跟前來洽詢的客戶見面時，他還是會花很多時間**講**自己的資歷，好讓對方知道自己有多勝任。他通常會花許多時間不斷檢查他的報價，因為他擔心如果開價過高，他會爭取不到這個客戶。他是一個好勝心強的人，不管是誰跟他一起競標這件工作，他都非常想要勝過對方。

葛林的錯誤在於，他讓競爭者和市場來定義他的價值。葛林必須體認到，他的力量就是他的經驗。畢竟，從業了三十年，他比任何人都清楚該如何提供高品質的服務。他解釋說，「在執行案子時是有特定的執業標準的。不過，一般大眾並不清楚我們會服務到什麼程度，所以不知道該要求什麼。」

葛林被潛在客戶拒絕時，收到的答覆常是，「某某建築師比你的價格低三分之一。」以前聽到這種話都會激起他的競爭天性，但現在不會了。如今，他會跟對方解釋，收取那種費用無法達到他的工作標準，並說明要提供高品質服務需要下哪些功夫。「我還是會想要拿到案子，但是，要贏也要對各方都好，包括對我自己。我很清楚做好一個案子必須具備哪些條件。」他不願讓別人定義他的價值。「如果你來找我們事務所，我會堅守立場、不輕易妥協。」

葛林不再花時間告訴客戶他的資歷，而是改向客戶提問。他說，「如果你知道自己的本領，你就不需要一直向別人解釋。」他覺得比較有自信了，既然他的力量在於經驗，那麼他已經找到了他所需要的施力點。

葛林說，「結果很棒，我的事務所的業績更好了。我不知道是不是因為接了更多案件，但是我有正確的定價策略。我們可以好好服務顧客。以前我們的表現一直很亮眼，但是現在更棒了。」

掌握談判籌碼的關鍵

艾倫·哈里斯（Alan Harris）跟妻子簡寧及女兒瑪莉莎一起經營一家新娘精品

婚紗店，不過他更懂的是數據。女兒比較有時尚美感，艾倫則是仔細審閱商品清單，並且建立一個銷售紀錄系統，不只是紀錄哪件禮服售出，還紀錄客戶試了哪些禮服。

有一天有個業務代表來拜訪他們，這位業務代表的公司旗下產品，是艾倫婚紗店的商品主力，而且是獨家銷售。業務代表說，「你們的銷售額降低了，我們要讓第二家婚紗店來銷售這條產品線。」艾倫和瑪莉莎覺得莫名其妙。「等一下，我們的系統並沒有顯示銷售量下滑。是不是其中有什麼誤會？」

當天並沒有直接解決這個問題，但是艾倫和瑪莉莎寫了一封郵件給這個業務代表的上司，後來他們發現，這個上司其實是那個業務代表再往上三級的大老闆，這位管理高層迅速採取行動，邀請他們見面開會。瑪莉莎帶著一份簡單明瞭的圖表，顯示婚紗店裡這位設計師的三條產品線的銷售額都是上升的，而且有九〇%的時間，顧客是在試穿這些婚紗。瑪莉莎用簡單的格式明確顯示出哪件禮服被試穿過最多次，還有過去六個月被試穿最多次的前二十件禮服是哪些，其中有十八件是這個設計師的作品。

瑪莉莎說，「我們不懂為什麼你們會說這些禮服的銷售額沒有上升。」這位設計主管當然印象深刻，也如實表達出來，「我們也可以給你們看幾張圖表，但是我們沒辦法像你們解釋得這麼好。」

接著，瑪莉莎和艾倫就能把討論帶往真正的目標。艾倫說，「我們可以形成什麼樣的夥伴關係以增加婚紗銷售？讓我們聚焦在這裡吧！」這句話把對談帶往更緊密合作的方向。艾倫對我說，「我們設定了幾項很棒的共同目標，並且決定好折扣以達成這些目標。我們也談到設計公司可以怎麼協助我們，例如在店內舉行婚紗預覽秀。」

不過，設計公司埋怨婚紗店給客人試穿禮服之前，標籤被拿下來了，「我們在網站上放廣告讓消費者去你們的店，但是你們卻沒有在禮服上秀出我們的品牌。」於是雙方開始解決這一問題。之前，婚紗店之所以拿下標籤是因為，準新娘來店試穿，花了店員很多時間，卻在找到喜歡的禮服之後，跑去別的地方購買同貨號但較便宜的產品。而雙方一起合作想出的辦法是，把貨號拿掉但是保留設計師的名字。

設計公司又問，「那些已經拿掉標籤的禮服，可以再把標籤放回去嗎？」艾倫和瑪莉莎說沒辦法，因為那樣太花時間了，但是他們建議設計公司可以派人到店裡來做。

艾倫後來回顧這件事，他認為，整體而言這是一場相當成功的談判，因為雙方離開時都覺得滿意。而且他們事前就收集好數據，這提高了他們的可信度，「我們能夠提出事實，而不是憑心情或感覺做事，所以大有斬獲。」而且從數據也清楚看出，許多設計公司自己就會賣出結婚禮服。因此，艾倫和瑪莉莎也有質疑，是否要繼續讓六、七成業務來自同一家設計公司。「我們的數據讓我們握有談判籌碼，能進行那場對話。」

「好人」談判力

在第二章我們強調的重點是，想要討人喜歡會惹來麻煩，但是，無可諱言，好感度仍然是個重要資產。如果你待人親切有禮，人們會喜歡跟你相處。而討喜的人通常能取得更大的成就。

我大力提倡要待人和善，原因完全在意料之外：我不喜歡衝突。不管我想達到什麼結果，我都不想靠打打殺殺來達到目的。我不希望自己為了取得成果，而像在打仗一樣，也不想用可怕的方法來達成目標。你可以一直跟人衝突奮戰，但是你也可以這樣想：有蜂蜜的地方就能吸引蜜蜂。

說到培養仁慈與親和力，可能沒有比機場更好的地點了，尤其是在一段充滿壓力的旅程之後。我最近在普洛維登斯機場就經歷了緊繃的一刻，因為我錯過班機。一場談判等著我：我必須跟地勤人員討論解決辦法，但我不希望損失機票錢。我排在兩個女人後面，她們一搭一唱地對地勤人員大呼小叫。地勤看起來很疲倦。輪到我的時候，我上前說，「我錯過那班飛機了。我只想知道接下來有哪些選項。我不知道前面那組人發生什麼事，但是我很遺憾妳得要忍受這些。我們不能怪妳。」

地勤人員微微一笑並嘆了一口氣。她印出下一班飛機的機票，「這是妳的機票。兩小時後回來登機。」她本來確實可以跟我收機票錢，但這不重要了。我的溝通策略是：和善而且尊重對方，這一點比任何其他辦法都來得好。她被我前面的顧客搶白了一番，而我對她表達尊重，這讓我感覺很好，而且我是真心誠意的。畢竟換成是我，我也不想做她的工作！

第六章我提到前美式足球員林區，大家都說他非常討人喜歡。他在ＮＦＬ擔任游衛時是個拼命三郎，勇猛好勝、絕對不讓人占便宜。但是下了球場之後，大家都說他是個暖男。他非常樂意把談判責任交給他的經紀人，因為林區覺得某些人天生適合談判，但他完全不是這種人。他說，「我不是強硬的談判者，我總是很早就讓步，而我的經紀人會說，『約翰，你有很好的談判籌碼。你是頂尖球員。你是NFL裡最棒的游衛。』但我知道會讓我開心的事物是什麼，所以我說，『嘿，我喜歡為這個組織打球。我喜歡確定性。我知道這一點。我們就同意這個協議吧。』我每次都讓他很失望。我們都覺得，不管是要買車還是什麼，也許我就是人太好，才無法成為一個厲害的談判者。」

但是，林區來上我的課後，他不再那樣想了。他了解到個性和善的人可以談得很好，因為他們運用和善特質，找到方法讓每個人都是贏家。林區說，「我覺得，自從上了談判課後，我對談判更有信心了。」現在他是舊金山四九人隊的總經理，經常要跟球員經紀人談判，他了解到，坦白率直和好感度息息相關。他說，「我以前會覺得坦白率直就是衝撞。」但是現在他知道率直的價值。「很多人會裝模作樣，也有人會直接說『嘿，約翰，我們要怎麼怎麼做』，我最喜歡跟這種人談。」他說，「我知道可以信任哪些人。」

林區覺得，為球隊談下四分衛吉米·蓋若波羅（Jimmy Garoppolo）那一次，這個方法特別有效。他說，「我們坐上飛機，我就開始跟他的經紀人余東納（Don

Yee）聊，等於是在開會了。我說，『雖然吉米最近沒有很常出賽，但是我們確信，他就是我們想要的人。東納，我們可以延長對吉米的控制權、玩價格遊戲，但那不是我要的。我想談定協議，這是我的承諾。我不要出低價然後你再開高價。我們有話直說。』這就是我的風格。如果我有什麼談判風格，那就是**我們不要拐彎抹角**。我會說，『我要你一開始就知道，我們有話直說。我的意思並不是沒有轉圜餘地，因為那當然是談判的一部分，但是我們不要侮辱彼此的人格和智商。我們會談成協議。』以前我會想，噢，這樣太直白了。但是現在我發現這個方法很有效，因為雙方都沒有灰色地帶。」

這並不表示林區沒有察覺到，個性親和可能會促使某些人來占他便宜。他說有時候有些人會試圖這樣做，「我必須說，『不行，我跟你說得很清楚了。我了解你想做好你的工作，但是我要說清楚，我們的立場就是這樣。』就像對小孩那樣，說到要做到。」

對林區來說，要找到與談判對象的共同點還蠻容易的，因為雙方都熱愛美式足球。但是，你可能會驚訝找到共同點有多重要。著名心理學家及思想家席爾迪尼在《影響力》這本書中強調，共同點對贏得好感相當重要。你花愈多時間跟某人相處，就會對他們愈熟悉。而當你看到更多雙方的共同點，你就愈**喜歡**他們。有一份研究以MBA學生作為研究對象，有些學生被指派要直接談判，其他學生則被告知要先交換雙方個人資訊之後再談判，他們要找出「雙方的共同之處，再開始談判」。[6]直接談判那一組，有五五%的人達成協議，並不差。但是雙方先交朋友的那一組，有九〇%的人達成協議，而且這些協議結果對**雙方**都更有利。

有一個非營利組織「和平玩家」（PeacePlayers）便運用這個原則，以體育活動作為敵對雙方的共同點。例如，在耶路撒冷帶猶太青年和阿拉伯青年一起打籃球。在北愛爾蘭，不到七%的學校是同時收天主教及基督教背景的學生，而這個組織在北愛推展的體育活動是，安排不同宗教背景的小孩在同一隊裡。參與活動的小孩中有九一%，以前從來沒有跟不同背景的人互動過。和平玩家也在賽普勒斯、南非，以及美國的某些地區辦活動。它讓我想到我為什麼會這麼喜愛運動，因為運動讓不同的人面向同一個目標。運動，是一個普世的語言。

無論是小孩還是成人，無論是運動還是核武，共同點都具有力量。每次伊朗談判代表跟美國的雪蔓大使會面時，他們都不跟她握手，因為他們是保守的伊斯蘭主義者，而雪蔓大使是異性。為了不讓這個因素成為雙方分歧點，雪蔓跟對方說，她成長於正統派猶太社區裡，正統派猶太人不能碰觸任何家人以外的異性。這場談話讓彼此之間稍微破冰，「他們更了解我一點。」雪蔓寫道，「他們不只是把我當作美國的談判代表或是一個不能碰觸的異性，更是一個有背景歷史、了解他們文化習俗的人。後來我們還是鞠躬而不握手，但是不能握手這件事不再是個障礙，而是共同點。」[7]

絕地武士的心智祕技

富於經驗的談判者都知道，取得談判籌碼的最好方式是，你知道自己可以離開。為了做到這一點，你必須了解你的最佳替代方案（best alternative to a negotiated agreement，BATNA）。你的BATNA愈強，你的談判籌碼就愈有力。因為你知道可以離開，也就是說，你不需要這個客戶或是這樁交易。

但是，如果你就是需要呢？

假如現實是這樣，那麼，你的心態比事實更重要。如果你覺得自己沒有力量，你還是要拋開這一點並且展現你的優勢。也就是說，做不到之前，你必須先假裝。

就拿電影《永不妥協》的例子來說，如果我方只有一位律師，對方有三位，你可能得改變一下別人的觀感。基於同樣理由，如果你遇到一隻熊，你要揮舞雙臂讓自己的體型看起來能多大就多大。如果你無法建立起威信、讓人打從心底地信服，那麼你必須運用絕地武士（Jedi）控制心智的祕技。

有一個技巧是運用肢體語言，就像《永不妥協》裡茱莉亞．羅勃茲的表現。科學研究發現，即使你心情很糟，當你強迫自己微笑，其實就會覺得好很多。因為微笑這個動作會在你的大腦裡觸發化學反應，釋放出多巴胺以及血清素。[8]同樣地，如果你表現霸氣，即使你沒有權力，你還是會覺得自己強而有力。這已經不是妄論，而是事實。更重要的是，表現霸氣**不是**指吼叫或欺負人，而是指肢體動作加大，以占據更大空間（想一想熊的例子）、說話聲音宏亮而且有主見。南加州大學有一個研究顯示這些做法有效，不過論文作者警告說，如果你的對手認為你在虛張聲勢，那麼就會有反效果。[9]所以，要小心運用霸氣的行為表現。

哈佛科學家艾美．柯蒂（Amy Cuddy）有一項重要的開創性研究顯示，霸氣的肢體動作如雙臂張開，或是像神力女超人那樣雙手叉腰，這樣做兩分鐘，體內睪固醇會上升、大腦皮質醇（緊張荷爾蒙）會下降，讓你覺得更有自信、壓力反應降低。[10]她建議，在進入談判、工作面試，或是任何讓你害怕被人衡量的狀況之前，先私下做這個動作兩分鐘。柯蒂強調，重點不在於做不到之前先假裝，而是假裝到你真的**變成**那個樣子。她摘錄華特．懷特曼（Walt Whitman）的名言，「以舉止來說服。」並補充說，「為了說服別人，我們必須說服自己。」[11]

另一個絕地武士的心智祕技是，想像你擁有更多力量。[12]這個方法能提升正向思考的威力，而且它是有研究根據的。在某個系列研究中，受試者要賣出CD，但是只收到一個不太好的出價，研究人員要求他們**想像**自己得到一個很不錯的出價。而這組受試者的表現，則和實際收到好出價、無須想像的受試者一樣好。相較之下，那些沒有得到好出價、也不用想像的受試者，表現就遜於前兩組。

你絕對不想抱著絕望感踏入談判，或是覺得必須達成協議才算圓滿。記住，那份協議不能定義你是誰。為了對抗自我懷疑的念頭，有時候你要藉由內省，來掌握自己的力量。你的力量或許來自脆弱感，就像任職顧問的茱莉亞那樣；或許來自有創意的夥伴關係，像活動場地出租人布萊利那樣。有時候，情勢顯然不利於你，這時你必須更深入挖掘，找到讓你立足的信念，堅定地站在你的信念上……即使目前你只能用一隻腳站著。

與惡霸談判的最佳原則

學生經常問我，「如果是跟騙子談判呢？」「如果試著跟對方建立關係，但是對方拒絕我呢？」「如果對方只會吼叫（或是只會在網路發文）呢？」我的學生早已習慣身處在一個霸凌策略會**成功**的世界。但是，學術研究、世界上最頂尖的談判專家以及歷史本身都告訴我們，實情並非如此。

重點是，跟惡霸談判不是只有一種方式，很可能你必須運用本書到目前為止所有的方法，嘗試各種不同的策略。但在過程中，請隨時保持心態開放並且有同理心。你愈是能了解對方欺負人的緣由、對方的利益，以及行為背後的動機，你就愈有洞察力，知道如何對付這種人。比方說，如果霸凌者欺負你是因為他沒有安全感，你的任務之一就是讓對方覺得談得很好。即使你已達成所有談判目標，還是要試著卸下對方心防，雖然這樣做不見得有用，但你也沒有什麼損失。

如果你的惡霸對手說謊成性，那麼你必須結合許多策略來進行談判，包括充分準備、收集資訊、專注當下、發揮EQ等等，這些對你會很有幫助。上談判桌前事先研究清楚、做好功課，你可能就會警覺到對手的名聲如何。例如，如果你們要討論的是某個物品的價值，不要相信對方說這件物品之前賣了多少錢，而是盡可能在事前要求看證據，或是你自己找證據。

長遠來看，霸凌者終究會聲望敗壞，大家都不想跟這種人談判或做生意。記住我在第七章所摘錄的研究：如果對手表現憤怒，人們更可能會離開這場談判。雖然短期看來**好像是**霸凌者贏了，但是我們知道最終霸凌者還是會落敗，就像幾乎每一部好萊塢電影那樣，邪不勝正。

在核武試射的議題上，許多美國選民讚美前總統川普，因為他使用了可與金正恩匹敵的霸凌式語言。二〇一八年川普有一則推特文經常被引用：「北韓領導人金正恩說『核武按鈕一直放在他的桌上』。拜託那個資源耗竭、沒食物可吃的政權派人跟他說一下，我也有一顆核武按鈕，但是我這顆比他更大、更強，而且我的按鈕真的有作用！」有一陣子北韓的核武測試似乎停擺，讓川普和他的支持者覺得證明了自己。但是，就在我寫下這段文字時，北韓才剛剛試射短程飛彈，由金正恩親自監督。看來這場角力還不會太快結束。

有些人會堅持，對付霸凌者最好的辦法是以其人之道，還治其人之身，他大聲你就大聲、他吼叫你就吼叫、他出拳你也出拳。老實說，我看不出這有什麼道理。這樣做並不會讓對方尊敬你，相反地，了解自己的施力點**才會**讓對方尊敬你。畢竟，跟霸凌者談判，沒有比了解自己的力量還更好的辦法。如果你了解自己的施力點，你就不會被操弄或是被恐嚇。而且，最後霸凌者不管是被你還是被別人擊倒，你還是會站得直挺挺的。

上一章我介紹的保全公司負責人潔西卡也跟不少霸凌者打過交道。她記得有一次從一家規模大很多的公司挖角一個人，這個新員工對潔西卡坦白說，當她把跳槽計畫告訴前老闆時，那個老闆說，「妳知道妳要去的那家公司是『大衛』吧。我們是歌利亞，他們是大衛。我們的財力足以買下所有公司，而且我們將來也會買下那家公司。」

潔西卡笑開了，「我心想，等等，他們一定是沒把《聖經》讀完吧，因為我們都知道這個故事最後的結局是大衛擊敗歌利亞。」我的想法跟她一模一樣。

第10章
談判如何改變世界

我的公寓裡總是放著兩台電視，一台電視看有線新聞，另一台看體育頻道ESPN。我很關注新聞和政治，同時也愛看體育競賽，對兩者的興趣不相上下。不過，跟體育競賽不一樣的是，看新聞通常會讓我心情低落（太關注新聞的人都是這樣吧）。那感覺就像看著一場接著一場的爭吵，沒有一方能勝過另一方。我知道政治歧見由來已久，而且事實上，要建立完善的民主制度正需要對立觀點。但放眼所及，卻不見良性的意見分歧。人們對別人大聲叫囂，但卻在對方想講話的時候，蓋住自己的耳朵。這種狀況很令人警戒，我想起林肯曾經說過：「美國絕不會被外界所摧毀。如果我們僵滯、失去了自由，那是因為自我毀滅。」

但是，一旦我撇開新聞喧擾、進入教室，立刻能感覺到希望。我們在課堂上討論並練習談判原則，例如提問、帶著真誠的興趣聆聽、敞開心胸溝通、專注當下、試著不帶批判地了解對方、建立共同點等。顯然，這些技巧都能運用在政治對話中。我們沒有運用談判技巧來拯救民主，但是我們應該這麼做。

共和黨和民主黨都一樣關切美國的分裂，但因為我們不願意互相了解、固執己見，反而造成更多的壁壘與分歧。而我們的憤怒、痛苦、失望和偏見，也更助長社會的分裂。我們在對談之前就已認定自己無所不知，但這是一個很糟糕的共存方式，也絕對不會促成成功的談判。

當然，政黨之間向來都是各彈各的調。但是過去二十五年來，分裂呈指數般擴大，結果是雙方毫無所獲，最主要的政績是不信任，甚至彼此仇恨。二〇一八年，卡瓦諾（Brett Kavanaugh）以五十對四十八票贏得大法官席位，但以前選大法官的比數並不是這樣的。一九九三年，金斯伯格（Ruth Bader Ginsburg）坐上大法官之位，票數是九十六比三；一九八六年史卡利亞（Antonin Scalia）被選為大法官，票數是九十八比〇。雖然史卡利亞和金斯伯格兩人對於法律的見解相當不同，但是眾所周知他們是非常要好的朋友。

之所以出現分裂，某部分是因為對異見抱持敵意，但是也跟我們日漸孤立、缺乏歸屬感有關。芝加哥大學的約翰・卡喬波（John Cacioppo）研究寂寞長達二十年，他說這幾年來感覺孤單的人數占比持續增加。在一九七〇及八〇年代，這個數字是一一%及二〇%，到了二〇一〇年，卻上升到四五%。[1]畢竟，所謂的**與人連結**應是積極、有血有肉的人際互動，而不是在社群媒體上按個讚。在一個日漸疏離的世界，我們不能假定社群網路或是新聞媒體上的匿名評論，能為我們維繫關係。相反地，我們得採用老派的方式，必須有意識地決定與對方建立關係（即使不相往來會比較容易）。而那是因為，我們負擔不起只跟同溫層溝通、把別人排除在外的代價。的確，也許我們無法改變別人的想法，像在談判中就一直有這種情況（有時候根本就談不成協議）。但是，我們還是應該坐上談判桌。

進步倡議組織「聰明政治」（Smart Politics）創辦人凱倫・譚默若斯（Karin Tamerius）說，「綜觀整個美國歷史，時人能取得重大進步都是因為他們敢於跟親朋好友分享政治觀點。無論是民權運動、女權運動、反戰運動、同志運動還是爭取婚姻平權，這些之所以能普遍受到認可，是因為原本針鋒相對的家人進行了困難的對話。」[2]談論輕鬆的話題，當然比較容易，但是若我們避開吃力的對話，即使只能發揮些微的影響，我們仍失去了改變的機會。

若你想檢視本書內容的實用性，因此跑去與鄰居交涉，談論社區、乃至各縣市及整個國家該做些什麼。你會發現，當我們聆聽彼此、而且是**真正**傾聽，我們能有機會一起往前走，而不是陷入僵局，或是孤立地待在自己的角落。本章並不是要說誰對誰錯，而是把焦點放在人人孤立的現況，因為這並不是民主。民主需要公民參與，同時不怕展現民意。因此，我們可以學習高效能的談判方式來幫助我們解決問題。

說服，先站在對方的立場

有許多我喜歡的談判練習可以測試學生如何做出艱難、人道、基於價值的決策。比方說，某些練習活動是要學生選擇救哪一個人。答案沒有對錯，重點在於，在緊要關頭時，即使是一群人生經驗、族群背景、價值觀以及溝通風格各異的人，仍能透過協商達成協議。

第五章我提到一個練習活動是：決定誰優先使用維生機器，其中就涉及了主觀的**公平**認知。在那個活動最後，每一組要向大家報告小組的選擇以及原因。聽過各組的決定之後，我問各組組內是否有不同的觀點。我永遠不會忘記，某一個班上有個年輕女生凱洛琳舉起手說，她不同意小組的決議，他們選擇的是小孩，但是她覺得應該要救公司執行長。我問她為什麼。

「我來自堪薩斯市。」她說，「在那裡工作非常重要。尤其是我所在的社區，我們過得並不是很好。該名執行長對那個社區很重要，她具有無可取代的重要性。」

有一個同學回應說，「妳怎麼知道，其他執行長無法勝任同樣的工作？」

凱洛琳說，「因為是**這名**執行長帶領公司成長。這個公司因為有她而興旺，是她發展出這個事業，是她讓其他人有工作。在小城市裡，工作是一切。」

另一個同學說，「話是沒錯。不過，其他執行長也可能成功經營這家公司，這樣工作也不會流失，不是嗎？執行長經常會被解職，或被別人取代，但公司還是經營得一樣好。」

凱洛琳繼續重複同樣的論點，不斷強調說，「但是像堪薩斯市這樣的地方……」

最後有個同學說，「我很困惑。還有很多人可以做這件事呀。妳從來沒有離開過堪薩斯市嗎？」

凱洛琳沉默了。沉默道盡一切。

這個時刻的力量相當強大。凱洛琳來自經濟弱勢的地區，她對就業的認知，和其他同學很不一樣。同學所說的理由對她來說都不成立，但同學也沒有去了解她的想法根源是什麼。先不說談判策略，那個同學在根本上質疑凱洛琳所說的話，就讓人感覺很糟。那位同學是拉丁美洲裔，曾環遊世界、住過好幾個國家。而她在問話時，完全沒有意識到自己預設了凱洛琳的立場。這位同學跟凱洛琳的觀點南轅北轍，所以她很快就認定凱洛琳的觀點是不對的。

二〇一五年，廣播節目《美國眾生相》（*This American Life*）報導了一則故事是，有一群人四處遊說民眾支持同性婚姻和墮胎等議題。這些遊說者採用的方法，可能跟你想像的很不一樣。他們並不是碰到某個選民就說，「我認為你應該支持同性婚姻，因為……」而是問問題，了解這個選民的生活。其中，有一個對話令人難忘。某個選民宣稱自己反對同性婚姻，他一開始先講自己的妻子已經過世好幾年，但他還是每天哀悼她。他談到對妻子的愛，講到自己希望別人也體會過這種愛。遊說者問他以前有沒有接觸過同志族群，他談到對街住了一對女同志，她們就像自己和妻子一樣幸福。在與這名同志遊說者有了人情味十足的互動後，這個選民自己釐清了事情的全貌。對話接近尾聲時，遊說者問他是否支持同性婚姻，他的答案改變了。[3]

了解別人的觀點並不容易，尤其是政治方面的談話。然而，當我們把情感、經濟、政治和社會等各層面都投注在某一陣營，我們就很難抽離情緒去發現事實。

駕馭情緒，策略溝通

跟立場對立的人談論政治，你必須運用第七章的專注當下技巧，而且要極致專注。政治是相當敏感的話題，所以每次感恩節家族聚會時，網路上都會出現這種文章：〈在感恩節晚餐，跟保守派／自由派家人相處的十種方式〉。當你覺得快被淹沒，我能提供的最好建議是，深呼吸並且運用策略思考。試想，如果你控制不住而發脾氣，會發生什麼事？你會得到什麼？你能改變任何人的想法嗎？

然而，我不認為在以下這三種情況，控制情緒是容易的。如果你是猶太人、祖先是大屠殺倖存者，或者你是有色人種，但有人捍衛二〇一七年沙洛斯維

（Charlottesville）的種族主義及反猶太遊行，那對你來說就是令人不快的侵犯。如果他們明白說出感受，你就是在深感不受尊重、覺得受傷的情況下展開對話。你會變得咄咄逼人，對方說什麼你都不想聽，而且你會認為對方不值得你的關注和尊重。我不怪你，畢竟這太艱難了。

不過，你只要做個深呼吸，局面可能會相當不同。在公共政策組織擔任領導人的非裔美國人海瑟・麥可基（Heather McGhee）受邀擔任CSPAN電視台《華盛頓週刊》（*Washington Journal*）節目的來賓。有一個觀眾蓋瑞・奇維泰洛（Garry Civitello）打電話進來問了一個問題，「我是一個白人男性，我就是有偏見。」這時海瑟閉上眼睛好一陣子，你可以看到她正在深呼吸。蓋瑞說，「我要怎麼改變？做個更好的美國人？」[4]紀錄片《挺身而出》（*Upstanders*）報導說，海瑟首先是感謝他的坦誠，接著告訴他應該關掉晚間新聞，因為那只會增強負面刻板印象。還有，他應該閱讀非裔美國人的歷史，以及跟非裔美國人來往。蓋瑞開始進行海瑟所謂的「巡禮」，他做了所有海瑟建議他去做的事，而且還定期詢問她的建議，最後兩人成為朋友。我們都承認，這段對話的起始點是雙方懂得讓步。蓋瑞從一開始就清楚展現出開放且好奇，但是他也有很深的成見，會大大影響海瑟的自我認同。對海瑟來說，她大可以讓受傷的感覺凌駕一切並把蓋瑞大罵一頓，但是她閉上眼睛深呼吸，以正面的態度來面對。

並不是每個人都像蓋瑞這樣成見甚深。但是，每個人都存有某些偏見，而且偏見可能根深蒂固。我發現，記住這一點，能夠幫助我們沉住氣、避免反應過激。在《黑馬思維》（*Dark Horse*）這本書中，作者陶德．羅斯（Todd Rose）及奧吉．歐格斯（Ogi Ogas）強調，即使哥白尼清楚地以邏輯論證指出，地球繞著太陽轉、而不是反之，但是過了一百年還是沒幾個人相信。兩位作者寫道：「想法是很難改變的，尤其貼近日常現實的想法更難改。」後來，伽利略發現木星有四個衛星，證明哥白尼是對的，但是「當伽利略邀請那些相信地心說的同事用他的望遠鏡，親自觀察這些衛星，許多人直嚷著看不到。甚至有些人還說，光是看就讓他們頭痛。」[5]我從這個故事學到的是：偏見，不是你或我的問題，而是我們所有人的問題。所以，如果某個人說了什麼蠢話，你先別急著生氣，因為我們都有可能犯下同樣的毛病。或者用美國民權運動領袖麥爾坎．X（Macolm X）的話來說，「不要因為對方沒有做你做的，或是想你所想的，就馬上譴責他。你以前也並不知道你現在所知道的。」

「不必解釋」的陷阱

電影《關鍵少數》（*Hidden Figures*）改編自三個非裔美國女性的真實故事。她們在一九六〇年代破除種族及性別框架，為美國太空總署（NASA）做出重大貢獻。在電影中，數學家凱薩琳．強森（Katherine Johnson）在休息時間結束後，全身濕淋淋地回到辦公室，上司因為她遲遲不歸而生氣，在所有同事面前嚴厲訓斥她。她憤怒地強忍住眼淚，說出一段可能是這部電影中最有力的獨白：

> 這裡沒有給我用的廁所。（「你說沒有廁所是什麼意思？」）我說這裡沒有給我用的廁所。這棟建築沒有有色人種專屬的廁所，任何西園區外面的建築都沒有，而西園區卻在半英里之外的地方。你知道嗎？我必須走回非洲才能上廁所，而且我不能騎方便的腳踏車。你可以想像一下，哈里森先生，我上班要穿過膝的裙子、高跟鞋，配一串簡單的珍珠項鍊。噢，我其實沒有珍珠項鍊。上帝知道你付給有色人種的薪水不夠負擔珍珠項鍊！我沒日沒夜地像條狗一樣拼命工作，靠著一壺你們不

願意碰的咖啡撐下來。所以，請原諒我一天必須離開幾次去上廁所。[6]

這是整部電影裡她第一次不再順應眾人的期待，不再當一台靦腆順從的人肉電腦（她真的被稱呼為「電腦」）。她首度展露情緒、表達自我。整間屋子裡沒有人能否認那種痛苦。她喚起他們的同情心，促使他們站在她的角度思考，並去想像她過的是什麼生活。

我們每個人都該效法凱薩琳。無論是黑人／白人、信教／不信教、男人／女人，我們假設別人一定能知道我們的遭遇。但是，真的那麼理所當然嗎？如果別人看不到，為什麼我們有責任告訴他們？要記得「洞悉錯覺」：你以為你的感受（或需求），別人能看得一清二楚。但事實是，你根本沒有說出來。注意，現實是現實，觀點是觀點，兩者並不相同。當然，一九六〇年代大部分在ＮＡＳＡ工作的人都知道，非裔女性的職場處境艱難，但是直到凱薩琳展露人性、請別人站在她的立場想，大家才看清事情的全貌，了解她究竟承受了什麼。

現代的例子是 #MeToo 女權運動，愈來愈多女性要求大眾聽見她們的聲音。作家金柏麗．哈林頓（Kimberly Harrington）在 Medium 部落格呼籲大眾了解女性所遭遇的難題：「我們住在女性的身體裡，總是習慣在走向汽車時抓緊鑰匙；我們習慣錯過升遷，而被升職的是能力不足、只是比較會威嚇人的男性同事；我們要求另一半想像他們不曾有過、未來也不會有的經驗；我們要求他們立刻變得更好；我們要求他們成為我們。」[7]即使是最有愛心、最願意幫忙的男性也可能不理解女性承擔的重量，除非有人說給他們聽。當然，也要他們願意聆聽，並試著去同理。

可想而知，陷阱就在於你覺得不需要或不應該解釋，或更糟的是，你覺得解釋也沒用，因為另一方「永遠不會了解」。當我們採取這種態度，就會造成意見分歧。我們無法找到共同點，因為我們根本沒有去尋找它，反而是跟同病相憐的朋友相互取暖，加劇「驗證性偏誤」，正如第五章所述。就這樣，誤解永遠存在。

觀賞電影《失控危城》（*Hotel Mumbai*）時，我非常激賞這部電影如何處理這個議題，甚至在漆黑的電影院裡翻找出筆記本記下來。這部電影除了緊張刺激、高潮迭起，同時也展現了最人性的互動，以及我們如何跟自己的偏見談判。沒錯，《失控危城》改編自二〇〇八年的印度高級飯店恐怖攻擊案，該飯店象徵了資本主義社會繁華的一面。在故事中，挾著機關槍的恐怖分子闖進飯店，一個錫克餐廳侍者阿戎帶領一群旅客逃向飯店安全區域。死亡屠殺步步逼近，這群人愈來愈害怕，其中有一個年長的英國女士變得偏執多疑、情緒不穩定，但這卻可能將眾人置於險境。阿戎的上司大廚跟阿戎解釋，阿戎所戴的錫克頭巾讓這個女客人不舒服，並說阿戎應該把頭巾拿下來。這個英國女士並不知道頭巾代表的文化意義，她以為阿戎是衝進飯店的武裝分子之一。

對於錫克人來說，拿掉頭巾是件大事。阿戎從來沒有拿下頭巾過，顯然他也不想拿掉，但是他不想違抗大廚，也不希望這名英國女士的恐慌情緒危及眾人的安全，所以他走向那名女士，向她自我介紹，並從皮夾拿出一張懷孕妻子及女兒的照片。他表示自己已為人父、是一名錫克教徒，同時指出錫克人處事和平，並解釋他為什麼要戴頭巾，還有他從未摘下頭巾。他強調自己是個有家庭的人，他希望這個團體裡的人都能活下來，但是他知道她不舒服是因為他戴了頭巾。他對那位女士說，因為她是客人，客人永遠優先，所以他願意摘下頭巾讓她覺得舒坦。後來女士說不用了。事實上，這場談判相當有力量，如果阿戎沒有解釋，情況可能完全不同。

故事溝通學

《好人總是自以為是》（*The Righteous Mind*）作者強納森・海德特（Jonathan Haidt）寫道，「人類心智是一個故事處理器，而不是邏輯處理器。」

或許，這就是為什麼有人會推薦閱讀小說來增進同理心。這解釋得通，因為當你「沉浸在書海中」，你等於進入了書中世界、深入探索不同人物的觀點。位於紐約市的新學院大學（New School）的研究者甚至進一步發現，閱讀文學小說的人更具有同理心。[8]

戴頓大學（University of Dayton）的研究人員麥可・波茲博士（Dr. Michelle C. Pautz），研究了電影改變人心的力量。他說，「對美國人來說，種族關係及種族主義仍是很難啟齒的議題，甚至通常是禁忌話題。但是，人們可以比較輕鬆地討論電影，然後再進展到比較敏感的話題。」[9]還記得湯姆・漢克斯（Tom Hanks）主演的《費城》（*Philadelphia*）上映時，對於愛滋病去汙名化有推波助瀾之效，而部分原因是，人們終於可以談論某個以前避而不談的話題。

上述內容跟談判的關聯，還是在於同理心。同理心是順利談判的關鍵。而故事能幫助我們打破刻板印象、卸除自我保護的盔甲，並將令人不安的議題變得更有人性。唯有立足於此，我們才能成為更好的溝通者。因此，在討論醫療照護議題時，比較有效的方式是訴說你哥哥得了腦瘤、但付不起醫療帳單的故事，而不是引用政治人物的話或摘錄統計數據。或是在談論槍枝管制時，你解釋自己並不贊同拿槍射殺別人，但是在你居住的偏遠地區，警察無法及時趕到，槍枝是唯一可以保護自己的方法。重點在於，除了聆聽人們的故事，你也必須分享自己的故事。

持續對談的勇氣

我說過，在教室裡我不會談論政治，但是有時候話題出現，我會順其自然地繼續聊下去。二〇一八年十月在匹茲堡的松鼠丘社區，猶太會堂遭到可怕的仇恨攻擊，事件發生一星期之後，我在芝加哥上一堂課。這個班的學生很隨和、聰明又投入，整個早上教室裡充滿歡聲笑語。有一名年長的學生名叫蘇菲亞，她是拉丁裔女性，我注意到她是因為她非常活潑。她經營一家成功的人力資源公司，個性很適合做業務，她總是談笑風生，並且讓每個人都能參與對話。

我們分組進行模擬談判，結果大家的談判成果都不太好。其中，蘇菲亞跟諾亞一組，她談到的成交金額是最低的。進行全班討論時，我說，「蘇菲亞，發生什麼事了？」

她微笑並聳聳肩。「我跟諾亞談判，他大大擊敗了我。但是我也不意外啦，畢竟他是猶太人。」她解釋道。

我突然僵住。大家也愣住了。你可以聽到班上同學深吸了一口氣。我花了好一陣子才恢復過來，並輕輕碰了蘇菲亞一下，我想讓她知道自己說了不該說的話，而且她得設法收回她所說的話。但是，蘇菲亞愈描愈黑。她進一步向我和全班解釋，她跟許多猶太人一起工作，並且說猶太人是非常精明能幹的商人。顯然她是用這種方式稱讚猶太夥伴，但是，這些解釋對大家來說不僅不堪入耳，也很難接受。

蘇菲亞所說的話反映出令人不悅的刻板印象，但是我很清楚她並不是要引起不愉快，她只是真心覺得這些猶太朋友很厲害，並把精於理財跟猶太人聯想在一起。儘管這樣做有偏見、很無理，更別提相當白目了，但是蘇菲亞的動機並不是仇恨。不過，從同學迅速的集體反應來看，我知道大家不見得跟我看法一樣，班上仍籠罩著激動和批判的氛圍。

這時，教室後面有個人舉起手以顫抖的聲音發言，「我得要說一句。蘇菲亞，這太傷人了。」其他同學無論是什麼族裔背景，紛紛為蘇菲亞的話向這個男人道歉，蘇菲亞看起來震驚不已。她完全沒料到自己說的話會引起這麼大的紛擾，她試圖為自己澄清。我鼓勵大家冷靜下來，請大家斟酌發言，並且要聆聽彼此。有一個女人說，攻擊蘇菲亞的人是偽善，因為每個人都懷有刻板印象，蘇菲亞只是公開說出來而已。首先對蘇菲亞發難的男人說，他知道蘇菲亞並不是故意的，但是她說的話仍然非常傷人。

過了一陣子，諾亞舉起手。「我可以說幾句話嗎？因為這一切起因於我跟蘇菲亞的談判。」諾亞對蘇菲亞說，「我原諒妳，蘇菲亞。」接著他向全班說，「我不覺得驚訝，因為我戴著猶太小圓帽（yarmulke）。我對自己走進教室時，別人會有反應心裡有數。我不喜歡，但是很不幸，我已經學會要有心理準備。」

此時我建議下課休息，讓教室裡的情緒稍微緩和一下。我注意到蘇菲亞不只拿了皮夾而且還提起書包，這表示她不打算回來了。我想蘇菲亞非常遺憾這件事會發展成這樣。但每個人都聯合起來公然指責她，她覺得自己是受害者。

一如我所料，蘇菲亞真的沒有回來上課。我擔心我們會回到一開始不跟彼此對談的情況。

那天下午我們將課程進度上完，而要下課時，我語重心長地說，雖然今天是漫長又艱困的一天，但是從很多方面來說，它都是非常重要的一天。我這麼說，並不是在美化一個糟糕的狀況，因為其中確實還是有可取之處。比方說，我們從傷害、痛苦的處境走向寬恕及諒解。我們處在歷史上一個充滿張力而分裂的時代，但是大家齊聚一堂談論它，我們沒有噤聲不語或是要對方閉嘴。我們確實感受到衝擊，不禁會想：啊，他們跟我真的很不一樣，他們永遠不會了解的。可是，如果我們不去理解彼此，那麼我們就會漸行漸遠。我們要邀請彼此對話，而不是公審。我要同學們想想蘇菲亞發言之前的課程主題，也就是同理心。我提醒大家班上少了一員，並鼓勵他們，如果有人想要找蘇菲亞談談，就去做吧。

後來我聽說蘇菲亞下週回來上課了（不是我教的課），而且受到同學的熱烈歡迎。

事後回想，雖然那天的課上起來非常累人，卻是意義非凡。畢竟，困難的事，本來就不容易。比起任何談判案例，我們的討論讓學生學到更多。我們從傷害、批判，轉而療癒彼此的傷痕。

當然，這不是第一次有人在課堂上說出不得體的話。有時候，話一出口便隨風消散了。但如今時移世變，猶太人覺得被針對，少數族群覺得被針對，女性覺得被針對，男性覺得被針對。面對這個境況，每個人腦中不免時常浮現**魯莽**一詞。但是，有人做事不經大腦時，我們多半是避談這個主題，而不是進一步去處理它。正因為如此，我非常高興蘇菲亞這件事有個好結果。儘管我們可能魯莽冒失，但我們攜手解決問題。我們有勇氣待在那張棘手的談判桌上，而且下週仍會重返談判桌。

談判，讓世界更好

最基本的政治操作策略是，把焦點放在選民認為**沒有**做好的事情上。這正是何以競選廣告能成功說服選民、影響其投票行為。隨便挑一個你關心的議題，無論是健康照護、移民、犯罪，每個競選人都會說：這件事出了問題，但我可以改正它。

政治人物要我們相信這個世界生病了，但我納悶，真的是這樣嗎？又或者，只是我們沒有去談論好消息。我會這樣想是因為，這正是這些年來我在課堂上的見證。我看到許多學生的轉變，而本書提到的故事只觸及表層而已。我的學生不只是學會如何好好談判，他們更有所成長、改變、懂得自我糾正，也調整了與人互動及交往的方式。他們不僅更能體恤自己，也更能體恤別人。我很少碰到誰是一意孤行的。所以，無論對話的本質是什麼，我都樂觀以待。而且，正是他們讓我一直不斷回頭探討這個主題，而且未來我也會繼續探索下去，因為他們向我證明，談判真的能讓世界更好。

致謝

本書從動筆到出版，過程中不僅耗費心力也充滿考驗，書中收錄的故事更橫跨我人生許多不同階段。因此，要感謝的人實在太多了，在此對我的親朋好友致上謝意，他們一直是我的靈感來源。特別要謝謝我的姊姊，她鼓勵我分享自己的故事而且不要擔心受到批判。那次我們的談話道盡了一切！

這本書能有付梓之日，得力於幾位特別鼎力相助的人士。非常感謝豪德・尹（Howard Yoon）為我打氣並伸出援手。我花了很多年構思這本書，想過許多不同的寫作路線，感謝你的一路扶持，讓我們在正確的時間點發掘出正確的方向。感謝Avery出版團隊的協助，讓本書得以成形、變得更好，特別要感謝我的編輯露西亞・華森（Lucia Watson），她具有卓越的洞察力、心思細密且富有遠見。也要感謝初稿的讀者吉兒・哈德森（Jill Hudson）及肯恩・薛舍爾（Ken Shropshire）給予睿智慷慨的回饋。對潔娜・佛瑞（Jenna Free），我該說什麼好呢？我們一起學習成長。一路上，妳始終保持耐心及心胸開放，在我最需要的時候鼓勵我、挑戰我。

我從來沒有想過要教書。到現在我還是不知道，薛舍爾是怎麼看出我有教書的潛能。但是你是如此地相信我，在我認為這方向似乎不可行時，鼓勵我追求教書的事業。感謝你的友誼以及指導，並且為我打開了華頓商學院之門。

深深感謝約翰・羅傑斯（John F. W. Rogers）以及所有高盛基金會成員的支持與鼓勵。特別要謝謝瑞塔・麥克葛隆（Rita McGlone），以及我在華頓商學院的同事，你們邀請我到開羅美國大學，在高盛的一萬女性創業輔導計畫中授課。該計畫為我人生帶來深刻的影響，至今仍難以估量。

我非常感激許多人願意在本書中分享自身的故事，讓讀者能從他們的勝利及挫敗中學習。感謝你們慷慨給予時間並且堅定誠實地分享一切。

最後要感謝的是我的學生，他們總是帶著勇氣及信念認真學習，這群學生的經驗是本書的核心。他們非常了解我，也看見我的力量，但更常發現的是我的脆弱。謝謝你們用各種方式敞開了我的心胸、豐富了我的生活。

參考資料

第1章　自己的高牆：妄自菲薄的故事

1. Margarita Mayo, “The Gender Gap in Feedback and Self-Perception,” *Harvard Business Review*, August 31, 2016, https://hbr.org/2016/08/the-gender-gap-in-feedback-and-self-perception.
2. Katty Kay and Claire Shipman, *The Confidence Code: The Science and Art of Self-Assurance–What Women Should Know* (New York: HarperCollins, 2014), xviii.
3. Rachael Rettner, “Study Reveals Why Women Apologize So Much,” *Live Science*, September 27, 2010, https://www.livescience.com/8698-study-reveals-women-apologize.html.
4. Oprah Winfrey, “Wes Moore: Is Your Job Your Life’s Purpose?,” podcast audio, *Oprah’s SuperSoul Conversations*, OWN, May 21, 2018, https://podcasts.apple.com/gb/podcast/wes-moore-is-your-job-your-lifes-purpose/id1264843400?i=1000411964463.

5. Daniel J. Tomasulo and James O. Pawelski, "Happily Ever After: The Use of Stories to Promote Positive Interventions," *Psychology* 3, no. 12A (December 2012): 1191, http://dx.doi.org/10.4236/psych.2012.312A176; Martin Seligman et al., "Positive Psychology Progress: Empirical Validation of Interventions," *American Psychologist* 60, no. 5 (2005): 410, http://dx.doi.org/10.1037/0003-066X.60.5.410.

第2章　討好，包裹糖衣的毒藥

1. Linda Babcock et al.,"Nice Girls Don't Ask," *Harvard Business Review*, October 2003, https://hbr.org/2003/10/nice-girls-dont-ask.
2. Julie J. Exline et al., "People-Pleasing through Eating: Sociotropy Predicts Greater Eating in Response to Perceived Social Pressure," *Journal of Social and Clinical Psychology* 31, no. 2 (2012): 169, https://doi.org/10.1521/jscp.2012.31.2.169.
3. Elizabeth Grace Saunders, "Stop Being a People Pleaser," *Harvard Business Review*, October 30, 2012, https://hbr.org/2012/10/stop-being-a-people-pleaser.
4. Alex Spiegel, "By Making a Game out of Rejection, a Man Conquers Fear," *Morning Edition*, NPR, January 16, 2015, https://www.npr.org/sections/health-shots/2015/01/16/377239011/by-making-a-game-out-of-rejection-a-man-conquers-fear?t=1556281440846.

第 4 章　談判破局的地雷

1. Joe Campolo, "Mandela–Master Negotiator," Campolo, Middleton & McCormick, LLP blog, March 27, 2014, http://cmmllp.com/mandela-master-negotiator/.
2. David McCandless, "51 Favorite Facts You've Always Believed That Are Actually False," *Reader's Digest*, https://www.rd.com/culture/false-facts-everyone-believes/, accessed May 25, 2019.
3. PON Staff, "The Star Wars Negotiations and Trust at the Negotiating Table," Harvard Law School, *Program on Negotiation* (PON) blog, May 7, 2019, https://www.pon.harvard.edu/daily/business-negotiations/a-forceful-deal-george-lucas-puts-his-trust-in-disney/.
4. Madeline E. Heilman et al., "Penalties for Success: Reactions to Women Who Succeed at Male Gender-Typed Tasks," *Journal of Applied Psychology* 89, no. 3 (2004): 416, http://dx.doi.org/10.1037/0021-9010.89.3.416; Madeline E. Heilman and Michelle C. Haynes, "No Credit Where Credit Is Due: Attributional Rationalization of Women's Success in Male-Female Teams," *Journal of Applied Psychology* 90, no. 5 (2005): 905, http://dx.doi.org/10.1037/0021-9010.90.5.905; Madeline Heilman, "Gender Stereotypes and Workplace Bias," *Research in Organizational Behavior* 32 (2012): 113, https://doi.org/10.1016/j.riob.2012.11.003; Rhea E. Steinpreis, Katie A. Anders, and Dawn Ritzke,

"The Impact of Gender on the Review of the Curricula Vitae of Job Applicants and Tenure Candidates: A National Empirical Study," *Sex Roles* 41, no. 7– 8 (1999): 509–510, https://link.springer.com/article/10.1023/A:1018839203698.

第5章 開放心態的力量

1. Jeremy Frimer, Linda J. Skitka, and Matt Motyl, "Liberals and Conservatives Are Similarly Motivated to Avoid Exposure to One Another's Opinions," *Journal of Experimental Social Psychology* 72, no. 1–12 (2017): 10, https://papers.ssrn.com/sol3/papers.cfm?abstract_id= 2953780.
2. Jennifer Eberhardt, *Biased: Uncovering the Hidden Prejudice That Shapes What We See, Think, and Do* (New York: Viking, 2019), 14.
3. Eberhardt, *Biased*, 85.
4. Alisa Chang, "MacArthur Genius Recipient Jennifer Eberhardt Discusses Her New Book 'Biased,' " *All Things Considered*, NPR, March 26, 2019, https://www.npr.org/2019/03/26/706969408/macarthur-genius-recipient-jennifer-eberhardt-discusses-her-new-book-biased.
5. Erik Larson, "New Research: Diversity + Inclusion = Better Decision Making At Work," *Forbes*, September 21, 2017, https://www.forbes.com/sites/eriklarson/2017/09/21/new-

research-diversity-inclusion-better-decision-making-at-work/#3fca39af4cbf.
6. David Rock and Heidi Grant, "Why Diverse Teams Are Smarter," *Harvard Business Review*, November 4, 2016, https://hbr.org/2016/11/why-diverse-teams-are-smarter.
7. Anne d'Innocenzio, "Gucci, Prada, H&M–Fashion Brands Blunder over Racial Sensitivity," *Stuff*, February 18, 2019, https://www.stuff.co.nz/business/world/110664121/gucci-prada-hm-fashion-brands-blunder-over-racial-sensitivity.
8. Tom Jacobs, "Why We Shut Ourselves Off from Opposing Viewpoints," *Pacific Standard Magazine*, June 14, 2017, https://psmag.com/news/why-we-shut-ourselves-off-from-opposing-viewpoints.
9. Jolie Kerr, "How to Talk to People, According to Terry Gross," *New York Times*, November 17, 2018, https://www.nytimes.com/2018/11/17/style/self-care/terry-gross-conversation-advice.html.
10. Dale Carnegie, *How to Win Friends and Influence People*, rev. ed. (New York: Simon & Schuster, 1981), 30.
11. Patricia Donovan, "Study Finds That Curiosity Is Key to Personal Growth in Many Spheres, Including Intimate Relationships," University at Buffalo, News Center, December 16, 2002, http://www.buffalo.edu/news/releases/2002/12/5996.html.
12. Jonathan Mahler, "The White and Gold (No, Blue and Black!) Dress That Melted the

Internet," *New York Times*, February 27, 2015, https://www.nytimes.com/2015/02/28/business/a-simple-question-about-a-dress-and-the-world-weighs-in.html.

第 6 章　同理，雙贏談判的祕密武器

1. L. Gregory Jones, "Leadership as Loving Enemies," *Faith and Leadership*, January 4, 2009, https://www.faithandleadership.com/content/leadership-loving-enemies.
2. Pervaiz Shallwani, "Life Lessons from the NYPD's Top Hostage Negotiator, " *Wall Street Journal*, August 28, 2015, https://www.wsj.com/articles/life-lessons-from-the-nypds-top-hostage-negotiator-1440726792.
3. Gary Noesner, "The Best Books on Negotiating and the FBI Recommended by Gary Noesner," *Five Books*, https://fivebooks.com/best-books/gary-noesner-on-negotiating-and-the-fbi/, accessed May 26, 2019.
4. Ben Rhodes, *The World As It Is* (New York: Random House, 2018), 201.
5. PON Staff, "Win Win Negotiation–Managing Your Counterpart's Satisfaction," Harvard Law School, *Program on Negotiation* (PON) blog, December 24, 2018, https://www.pon.harvard.edu/daily/win-win-daily/win-win-negotiations-managing-your-counterparts-satisfaction/.
6. Michael S. Hopkins, "How to Negotiate Practically Everything," February 1, 1989,

https://www.inc.com/magazine/19890201/5526.html.
7. Charalambos Vlachoutsicos, "Empathetic Negotiation Saved My Company," *Harvard Business Review*, October 24, 2013, https://hbr.org/2013/10/empathetic-negotiation-saved-my-company.

第7章 全心投入的談判心流

1. Wendy Sherman, *Not for the Faint of Heart* (New York: PublicAffairs, 2018), 43.
2. Kevin McSpadden, "You Now Have a Shorter Attention Span Than a Goldfish," *Time*, May 14, 2015, http://time.com/3858309/attention-spans-goldfish/.
3. Adrian F. Ward et al., "Brain Drain: The Mere Presence of One's Own Smartphone Reduces Available Cognitive Capacity,"*Journal of the Association for Consumer Research* 2, no. 2 (2017), https://www.journals.uchicago.edu/doi/full/10.1086/691462.
4. "Americans Don't Want to Unplug from Phones While on Vacation, Despite Latest Digital Detox Trend," press release, Asurion.com, May 17, 2018, https://www.asurion.com/about/press-releases/americans-dont-want-to-unplug-from-phones-while-on-vacation-despite-latest-digital-detox-trend/.
5. Maryanne Wolf, *Reader Come Home: The Reading Brain in a Digital World* (New York: HarperCollins, 2018), 2.

6. Michelle Obama, *Becoming* (New York: Crown, 2018), 61.
7. Obama, *Becoming*, 89.
8. Keith Allred et al., "The Influence of Anger and Compassion on Negotiation Performance," *Organizational Behavior and Human Decision Processes* 70, no. 3 (1997), https://doi.org/10.1006/obhd.1997.2705.
9. Jeremy A. Yip and Martin Schweinsberg, "Infuriating Impasses: Angry Expressions Increase Exiting Behavior in Negotiations," *Social Psychological and Personality Science* 8, no. 6 (2017), https://doi.org/10.1177/1948550616683021.

第8章 豐足心態，讓你把餅做大

1. Olga Khazan, "Why Do Women Bully Each Other at Work?" *The Atlantic*, September 2017, https://www.theatlantic.com/magazine/archive/2017/09/the-queen-bee-in-the-corner-office/534213/. Allison S. Gabriel et al., "Further Understanding Incivility in the Workplace: The Effects of Gender, Agency, and Communion,"*Journal of Applied Psychology* 103, no. 4 (April 2018): 362–382, http://psycnet.apa.org/doiLanding?doi=10.1037%2Fapl0000289.
2. Neil Katz and Kevin McNulty, "Interest-Based Negotiation," Maxwell School of Citizenship and Public Policy, 1995, https://www.maxwell.syr.edu/uploadedFiles/parcc/

cmc/Interested-Based%20Negotiation%20NK.pdf.

3. PON Staff, "Why Is Sincerity Important? How to Avoid Deception in Negotiation," Harvard Law School, *Program on Negotiation* (PON) blog, January 7, 2019, https://www.pon.harvard.edu/daily/conflict-resolution/why-we-succumb-to-deception-in-negotiation/.
4. Michael Benoliel, *Done Deal* (Avon, MA: Platinum Press, 2005), 114.
5. Paul B. Brown and Michael S. Hopkins, "How to Negotiate Practically Anything," interview with Bob Woolf, *Inc.*, February 1, 1989, https://www.inc.com/magazine/19890201/5526.html.
6. Fast Company Staff, "Fresh Copy: How Ursula Burns Reinvented Xerox," *Fast Company*, November 19, 2011, https://www.fastcompany.com/1793533/fresh-copy-how-ursula-burns-reinvented-xerox.
7. Leslie K. John, "How to Negotiate with a Liar," *Harvard Business Review*, July–August 2016, https://hbr.org/2016/07/how-to-negotiate-with-a-liar.
8. John, "How to Negotiate with a Liar."

第9章　內在力量：談判的最佳施力點

1. Sallie Krawcheck, *Own It: The Power of Women at Work* (New York: Crown Business,

2017), 7.

2. Krawcheck, *Own It*, 4.
3. Ursula Burns, "Ursula Burns: First Woman to Run a Fortune 500 Company," *Time*, http://time.com/collection/firsts/4883099/ursula-burns-firsts/, accessed May 28, 2019.
4. "From Paper-Clip to House in 14 Trades," *CBC News*, July 7, 2006, https://www.cbc.ca/news/canada/from-paper-clip-to-house-in-14-trades-1.573973.
5. Sherman, *Not for the Faint of Heart*, xvi.
6. Robert Cialdini, "Principles of Persuasion," video, *Influence at Work*, https://www.influenceatwork.com/principle-sof-persuasion/, accessed June 1, 2019.
7. Sherman, *Not for the Faint of Heart*, 39.
8. Nicole Spector, "Smiling Can Trick Your Brain into Happiness–and Boost Your Health," *NBC News*, November 28, 2017, https://www.nbcnews.com/better/health/smiling-can-trick-your-brain-happiness-boost-your-health-ncna822591.
9. Michael Schaerer, Martin Schweinsberg, and Roderick Swaab, "Imaginary Alternatives: The Effects of Mental Simulation on Powerless Negotiators," *Journal of Personality and Social Psychology* 115, no. 1 (2018), https://psycnet.apa.org/record/2018-13326-001.
10. Amy Cuddy, "Your Body Language May Shape Who You Are," TED Talk video, 2012, https://www.ted.com/talks/amy_cuddy_your_body_language_shapes_who_you_

are?language=en.

11. Amy Cuddy, *Presence: Bringing Your Boldest Self to Your Biggest Challenges* (New York: Little, Brown, 2015), 41.

12. Schaerer et al., "Imaginary Alternatives."

第10章　談判如何改變世界

1. Laura Entis, "Loneliness Is a Modern Day Epidemic," *Fortune*, June 22, 2016, http://fortune.com/2016/06/22/loneliness-is-a-modern-day-epidemic/.

2. Karin Tamerius, "How to Have a Conversation with Your Angry Uncle over the Holidays," *New York Times*, November 18, 2019, https://www.nytimes.com/interactive/2018/11/18/opinion/thanksgiving-family-argue-chat-bot.html.

3. Ira Glass, "The Incredible Rarity of Changing Your Mind," podcast audio, *This American Life*, WBEZ Chicago, April 24, 2015, https://www.thisamericanlife.org/555/the-incredible-rarity-of-changing-your-mind.（注意，儘管該集所援引的研究後來被證明不可靠，但遊說者與選民的對話仍精確可信。）

4. Heather McGhee, "'What Can I Do to Change? You Know? To Be a Better American?' " Interview with Heather McGhee, CSPAN's *Washington Journal* via YouTube, August 20, 2016, https://www.youtube.com/watch?v=BsUa7eCgE_U; Daniel Smith, "A Friendship

for a More Tolerant America," *New Yorker*, December 25, 2016, https://www.newyorker.com/magazine/2017/01/02/a-friendship-for-a-more-tolerant-america.

5. Todd Rose and Ogi Ogas, *Dark Horse: Achieving Success through the Pursuit of Fulfillment* (New York: HarperOne, 2018).
6. *Hidden Figures*, 20th Century Fox, released December 25, 2016.
7. Kimberly Harrington, "When Will It Be Times Up for Motherhood and Marriage?," *Medium*, July 20, 2018, https://medium.com/s/story/when-will-it-be-times-up-for-motherhood-and-marriage-2766d311bfae.
8. David Comer Kidd and Emanuele Castano, "Reading Literary Fiction Improves Theory of Mind," *Science* 342, no. 6156, DOI: 10.1126/science.1239918.
9. John Guida, "How Movies Can Change Our Minds," *New York Times,* February 4, 2015, https://op-talk.blogs.nytimes.com/2015/02/04/how-movies-can-change-our-minds/.

華頓商學院的情緒談判課

作　　者　莫麗・塔荷瑞波
譯　　者　周怡伶
主　　編　呂佳昀

總 編 輯　李映慧
執 行 長　陳旭華（steve@bookrep.com.tw）

出　　版　大牌出版 / 遠足文化事業股份有限公司
發　　行　遠足文化事業股份有限公司（讀書共和國出版集團）
地　　址　23141 新北市新店區民權路 108-2 號 9 樓
電　　話　+886- 2- 2218-1417
郵撥帳號　19504465 遠足文化事業股份有限公司

封面設計　陳文德
排　　版　新鑫電腦排版工作室
印　　製　通南彩色印刷有限公司
法律顧問　華洋法律事務所　蘇文生律師

定　　價　480 元
初　　版　2021 年 8 月

電子書 E-ISBN
9789860741292（EPUB）
9789860741315（PDF）

國家圖書館出版品預行編目資料

華頓商學院的情緒談判課 / 莫麗・塔荷瑞波 (Mori Taheripour) 作 ; 周怡伶譯 . -- 初版 . -- 新北市 : 大牌出版 ; 遠足文化發行 , 2021.08
336 面 ; 14.8×21 公分
譯自：Bring yourself : how to harness the power of connection to negotiate fearlessly.

ISBN 978-986-0741-30-8 (平裝)

1. 談判　2. 談判策略

177.4　　110010389